お客に言えない
食べ物のカラクリ

㊙情報取材班［編］

青春出版社

はじめに

近頃、大きな話題になった食品偽装表示をはじめ、近年は食の信頼性や安全性をめぐるニュースが流れない時期はないといってもいいだろう。そんな事実が報道されつづけるのも、私たち消費者が〝食の裏側〟について、いかに知らないかの証拠ともいえる。

そこで、この本では、いま私たち日本人が口にしているものが、どのようにつくられて、どのように加工され、どのように運ばれているのか――食をめぐる裏事情を追跡した。

たとえば、「霜降り加工」という言葉をご存じだろうか？　これは、安価な肉を霜降り状にかえるため、業界では日常的に行われている作業だ。あるいは、京野菜が京都以外でも大量生産されていることをご存じだろうか？　そんな話をはじめとして、「食」の深層に迫った成果がこの一冊。もちろん、取材成果は大漁豊作だ。

この本はいわば「食」をめぐる裏話のレストラン。ショッキングな味を堪能いただければ幸いに思う。

２０１４年2月

㊙情報取材班

1 お客に言えない食品売り場の秘密 13

3 産地から流通まで食べ物の裏のウラ

4 身近な食の気になる大疑問

6 知ってるだけで一目おかれる食べ物の雑学……155

カバーイラスト■北谷しげひさ
DTP■フジマックオフィス

1
お客に言えない食品売り場の秘密

ウナギ

ウナギ不足といいながら、かば焼きがまずまず出回っているのは?

近年、ウナギ不足が深刻化し、ウナギのかば焼きもずいぶん値段が高くなった。ウナギ不足はその稚魚《ちぎょ》、シラスの乱獲《らんかく》・不漁《ふりょう》が原因だが、それでも土用丑《どようのうし》の日が近づくと、スーパーにはウナギのかば焼きが並んでいる。

ウナギ不足にもかかわらず、かば焼きがまずまず出回っているのは、ヨーロッパウナギが使われるようになったためだ。日本人が長く食べてきたのはニホンウナギで、中国や台湾で養殖されているのもニホンウナギである。近年、そのニホンウナギの数が激減したため、日本のウナギ業者はヨーロッパウナギを扱いはじめているのだ。

ヨーロッパウナギはニホンウナギと比べると、ずんぐりした恰好をしているものの、かば焼きにすれば、ニホンウナギと大差ない風味を味わえる。ヨーロッパには日本と同様、ウナギを食べる国があり、ドイツやベルギー、イギリスなどではレストランにも登場する。

ただし、そのヨーロッパウナギも、近年は減少気味で、ヨーロッパの和食店には、ウナギを献立から消す店も出ているほど。それでも、日本に回ってきているのは、ヨーロッパウナギが広く分布しているためといえる。ヨーロッパウナギは、北はバルト海、スカンジナビア半島から、南は地中海にまで棲息している。棲息域が広い分、固体数が多く、いまのところ日本にも入ってきているのだが、これから先のことはわからない。

霜降り加工

安価な肉をどうやって〝霜降り〟に変えるのか

霜降り牛肉というと、100グラム1000円以上することも珍しくない。そんな霜降り肉が驚くほどの安値で売られていたら、「霜降り加工」されたものと疑ってみたほうがいい。霜降り加工とは、外国産の安価な牛肉に食用軟化剤や牛脂を注入し、霜降り肉のように加工することだ。

食肉用軟化剤は、肉質を硬くするコラーゲン繊維をアミノ酸に分解し、うまみに変える添加物だ。この食用軟化剤と牛脂を乳化剤で乳化させ、牛肉に注入するのだが、そのさい、和牛の牛脂を使うと、硬い輸入肉も、軟らかくておいしい日本人好みの〝霜降り牛肉〟に〝変身〟する。

霜降り加工肉は、「インジェクションビーフ」とも呼ばれている。インジェクションとは、英語で「注入」という意味だが、販売にあたって「インジェクションビーフ」や「霜降り加工」と表示する義務はない。そのため、霜降り牛肉として売られていることもあるというわけだ。

霜降り加工肉は、スーパーなどの小売店よりも、業務用として外食産業で使われているケースが多い。焼き肉店などで安い霜降り肉が出てきたら、ほぼ霜降り加工と考えて間違いない。

霜降り加工されるのは、牛肉だけではない。馬肉も同様で、馬刺し用の肉に馬脂を注入するケースが多くなっている。馬肉の場合、消費量がさほど多くないので、霜降り肉をとれるように馬を肥育するケースは少ない。そこで、〝霜降り馬肉〟を提供するために馬脂を注入することになるのだ。

ただし、馬肉の場合、霜降り加工したときには表示義務があって、「馬刺し霜降り（注入）」「馬肉（馬脂注入馬刺し）」などと表示しなければならないので、表示ラベルを見れば、天然物か加工物かがわかるようになっている。

薄切り肉だけでなく、ステーキ肉も加工してつくることが可能だ。よく知られているのがサイコロステーキで、すね肉や内臓肉などの安い肉をミンチ状にして、結着剤で固めてつくられている。結着剤には牛乳由来のカゼインナトリウムのほか、大豆由来のもの、紅藻類から抽出したカラギーナン、卵白などが用いられている。さらに味を整えるため、上質の牛脂、食塩、コショウなども加えている。

似たような方法で、一枚物のステーキ肉をつくることも可能だ。やはり、すね肉や内臓肉など安価な肉を用い、軟化剤で軟らかくしてから柱状の容器に入れる。そこに和牛の脂身と結着剤を入れ、四方からプレスしてブロック状の塊をつくる。この塊を適当な厚さにスライスすれば、一見ステーキ風の肉ができあがるのだ。

ヨーグルト
最近4個パックのヨーグルトが増えているワケ

スーパーのヨーグルト売り場に行くと、かつて主流だった3個入りパックが減り、4個パックのものが増えている。その背景には、3個よりも、4個のほうが、容器代が割安になることがある。

おなじみの3個パックの場合、容器3個を台紙に1列に並べ、それをフィルムで包んで売られている。一方、4個パックは、4個が縦横2個ずつ並んだ正方形の状態で店頭に並べられている。数でいえば1個違うだけだが、このフォーマットの違いにより、両者では容器コストが大きく変わってくるのだ。

3個パックは、ヨーグルトを1カップずつつくり、それらを並べてフィルムに包んでいるため、それだけの材料費や手間が必要になる。それに対して、4個パックは、大きなプラスチック板を多数の容器が並ぶような形に成型し、そこにヨーグルトを注いでフタを貼ったものを4個ずつに切り離せばいい。

フィルムで包む必要もないため、1個あたりの容器コストは、3個パックよりも3割は安いとみられる。その分、4個パックの価格をおさえても、メーカーは十分に採算がとれるのだ。

また、4個パックが増えたのは、ヨーグルトを食べる習慣が日本の家庭に根づいたこともある。かつて、ヨーグルトは毎日食べるものではなく、ときどき食べる嗜好品だったが、近年は朝食時などに毎日食べるという人が増えている。そういう家庭では、4個パックでもすぐに食べきってしまうので、1個当たりの値段が安い4個パックをチョイスする人が増えているのだ。

三元豚

近頃よく聞く三元豚ってそもそも何？

「山形三元豚《さんげんとん》」「平牧《ひらぼく》三元豚」など　近年、「三元豚」という名を目にする機会が増えている。この「三元豚」、「イベリコ豚」や「アグー豚」のようなブタのブランド品種名かというと、そういうわけではない。三元豚は、品種つまりは〝血統〟の優秀さを表す名ではなく、むしろその豚が〝雑種〟であることを表すネーミングだ。

豚には、世界で400種といわれる品種があり、それぞれ味や育てやすさなどが異なる。味はよいが病気になりやすい品種があれば、繁殖性は優れているが肉質は劣る品種があるという具合だ。三元豚とは、そのような特長の異なるさまざまな品種の豚を交配させ、長所を兼ね備えるようにつくった雑種豚の総称なのだ。

「三元」という名は、3世代にわたる交配を行なうことを表している。まず、種の異なる純血種同士を交配させ、両者の長所を合わせもつ雑種の豚をつくる。その豚と、さらに別の純血種の豚を交配させたのが三元豚だ。三つの純血種それぞれのよい点をもつ豚というわけだ。

どのような品種をかけ合わせるかは目的によってさまざまだが、一例を挙げると、繁殖性に優れた「ランドレース種」と、産肉性の高い「大ヨークシャー種」を交配させ、そうして生まれたハーフの豚と、霜降り状の肉ができる「デュロック種」を交配させる。これで繁殖性、産肉性、肉質がいずれも優れた豚ができあがる。

三元豚に使われる品種には右記の3種のほか、肉質のよい「バークシャー種」、繁殖性に優れた「梅山種《メイシャン》」などがある。消費者の好みや経済性を計算しながら、養豚家はさまざまな三元豚を誕生させているのだ。

エビ
オマールエビと伊勢エビ、クルマエビとブラックタイガーの違いは何？

2013年秋以来の食材の偽装問題では、多くの店がエビの品種名を偽って表示していたことが明らかになった。オマールエビを伊勢エビとしていたケース、小さいエビをすべて芝エビとしていたケースなどが目立ったが、結局のところ、私たちはふだんどんな種類のエビを食べているのだろうか？

かつて日本では、大きいエビといえば伊勢エビ、中ぐらいのエビはクルマエビ、小さいエビは芝エビを使うのが相場だった。だが、それらの国産エビは値段が高くなり、代わって中国や東南アジアで採れる同程度のサイズのエビが主流を占めるようになった。

具体的には、伊勢エビの場合、オーストラリアやニュージーランド産のロブスターが代用品にされてきた。ロブスターもイセエビ科のエビなのだが、色や形が日本の伊勢エビとは異なるので、その違いは本物を知っていれば一目瞭然だ。

中型のクルマエビは、ブラックタイガーで代用されることが多い。ブラックタイガーはクルマエビ科のエビで、ウシエビとも呼ばれる。体長は30センチ程度で、体長15～30センチ程度のクルマエビより、やや大きめだ。外観は、赤みの強いクルマエビと比べると、全体的に黒みが強いところから、ブラックタイガーと呼ばれる。味は、クルマエビが繊細な食感で甘みが強いのに対し、ブラックタイガーはやや大味な印象がある。茹でたとき、身が軟らかいのもクルマエビのほうだ。

芝エビは、バナメイエビで代用されることが多い。バナメイエビは東南アジアでの養殖が盛んで、ブラックタイガーよりも安価なため、近年、輸入量が急増している。クルマエビ科のエビで、体長は20センチ程度。芝エビは10～15センチ程度だから、バナメイエビのほうがやや大きめだ。もっとも、味に大差はなく、調理すれば違いがわかる人はほとんどいない。

寿司ネタとして生で食べられるようになった裏事情とは？

サケ

近年、回転寿司店などで、サーモン（サケ）が人気ネタの一つになっている。ただし、これは最近のことで、かつてはサケを生で食べることはほとんどなかった。鮮度のいいサケでも、寄生虫の心配があるため、食べる際には加熱するか、いったん冷凍して寄生虫を殺す必要があった。

そんなサケが寿司ネタとして生で食べられるようになったのは、養殖の輸入物が大量に入ってくるようになったためだ。

日本のサケの輸入量は、この10数年で大きく増えた。１９９０年代には17万トンだった輸入量が、２０１１年には26万トンに増加。一方で自給率は低下し、１９７０年代には90％以上あったものが、現在は50％程度になっている。

残り半分の多くは海外からの養殖サケで、なかでも多いのがチリ産だ。２０１１年は輸入物の67％を占め、２位のノルウェー産の14％をはるかにしのいでいる。世界一の養殖サケ大国はノルウエーで、チリは2位なのだが、こと日本への輸出に限ってはチリが最大量を誇っている。チリから見ても、養殖サケの最大の輸出先は日本で、２０１１年は全体量の45％を占め、２位のアメリカの18％を大きく引き離している。

チリ国内で盛んにサケ養殖が行われているのは、チロエ島という人口80万人程度の島。南緯42度、ロス・ラゴス州の南端にあるこの島は、赤道をはさんでほぼ〝北海道の反対側〟に位置している。つまり、海水温などの条件がサケの生育に適しているのだ。同島を中心にロス・ラゴス州には、約60ものサケ養殖会社があり、ピーク時には1日約6万匹の加工を行なっている。海中の生け簀《いす》からホースでサケを工場内に吸い込んで、生きたまままさばき、刺身用などに加工し、冷凍するのだ。

日本への輸出には冷凍物が使われているが、チリの養殖サケは生食も可能だ。サケに寄生虫がつくのは、サケがオキアミ類を食べるからであって、配合飼料で育てられる養殖サケに、その心配はない。

サケは本来、北半球に生息する魚で、もとはチリにいなかったのだが、90年代、日本人が養殖をはじめ、現在のような盛況を迎えるに至った。サケの養殖事業によって、チロエ島は経済発展し、ロス・ラゴス州の州都プエルトモンには19階建てのツインタワーも建設された。チリと日本はサケの養殖によって、ウィン・ウィンの関係を築いているのだ。

野菜ジュース
野菜の産地はいったいどこ?

野菜ジュースは、コンビニでも弁当店でも手軽に買えるが、意外に知られていないのが、その中に含まれる野菜の産地である。とくにミックスジュースの場合は、それぞれの野菜によって、旬の時季が違うはず。それなのに野菜ジュースは一年中売られている。原材料となる野菜は、いったいどこで栽培され、どのようにジュースに加工されているのだろうか。

当然、国内産と外国産の野菜があるが、国内では各メーカーがそれぞれ産地を確保。多くの場合、地元の農家と契約して、土壌チェックや農薬の使い方などを相談しながら栽培している。たいてい、産地の近くに加工工場が建てられ、収穫された野菜は、その日のうちに製品化されている。

製品化の方法については、濃縮還元法とストレートジュースがある。濃縮還元法は、産地でとれた野菜を絞り、濃縮加工して冷凍保存する方法。一方、ストレートジュースは、生の野菜をピューレにし、絞った野菜汁を加えて加工する。

ジュース用の外国産野菜は、アメリカやオーストラリア、中国、チリ、トルコなどで栽培され、現地で濃縮加工して輸入されている。

たとえば、トマト汁は中国やチリ、トルコ、ニンジン汁はオーストラリア、リンゴ果汁はアメリカ、レモン果汁はイスラエルなどから、濃縮状態で輸入されている。

アイスクリーム
賞味期限が表示されない本当の理由

食べ忘れていたアイスクリームを冷凍庫に発見、ところが、賞味期限の表示を探しても見つからず、困ったことがある、という人はいないだろうか。それもそのはず、アイスクリームには、そもそも賞味期限が記載されていないのだ。

「えっ？　加工食品には、賞味期限を表示しないといけないんじゃないの？」と思う人もいるかもしれないが、アイスクリームの場合、賞味期限の表示は「省略」できるのだ。

アイスクリームの表示に関する『乳及び乳製品の成分規格等に関する省令』などには「アイスクリーム類にあっては期限及びその保存方法を省略することができる」とある。

ではなぜ、アイスクリームでは、賞味期限の省略が許されるのだろうか？　これには、アイスクリームならではの理由がある。

そもそも、食品に賞味期限を表示する必要があるのは、日数が経つと品質が低下し、食品の安全性に問題が生じるからだが、アイスクリームの場合、通常、マイナス20度以下で冷凍保存されるため、細菌類の増殖などの心配がない。これが、賞味期限の省略を認められる第一の理由だ。

また、アイスクリームは、同じく冷凍保存される冷凍食品に比べ、原料が単純で安定性が高い。そのため、長期保存しても、ほとんど品質変化しない。

要するに、冷凍保管されたアイスクリームは、ほぼ〝時間が止まっている〟状態にあり、賞味期限という時間の区切りは必要ないというわけだ。

ただし、アイスクリームといえども、保存法が悪いと、〝時間〟とともに品質が劣化する。冷凍温度が低かったり、溶けたものを再冷凍したりすると、アイスクリームといえども味が落ちるのだ。

また、アイスクリームは、においが移りやすいため、においの強いものと一緒に保存するのは避けたほうがいい。

冷凍ピラフ

どうやってゴハンをパラパラに凍らせるのか

ご存じのように、同じ米でも、日本の米と、東南アジアで食べられている米では趣きがかなり違う。

「ジャポニカ米」と呼ばれる日本の米は、炊きあげると粘り気が出るが、「インディカ米」と呼ばれる東南アジアの米は、粘り気が少なく、炊いてもパラパラに近い状態になる。タイやインドネシアなどで、インディカ米を食べた人もいるだろうが、ピラフやチャーハンにするなら、インディカ米のほうがおいしいという人が少なくない。

じっさい、日本で売られている冷凍ピラフや冷凍チャーハンでも、調理ずみのお米がパラパラした状態で冷凍されている。そのほうがフライパンで炒めやすいし、食べてもおいしいからだ。

ジャポニカ米の場合、家庭で残りご飯を冷凍しても、くっついてしまい、パラパラにはならない。市販の冷凍ピラフが、ジャポニカ米であるにもかかわらず、パラパラになっているのは、メーカーの工場で加工するときに、「吹き上げ空中冷凍法」というワザを使っているからである。

工場では、まず炊いた米をメッシュ状のベルトコンベアに流す。そして、メッシュの隙間から、マイナス30～40度の冷気を勢いよく噴射するのである。すると、コンベアの上の米粒は空中に噴き上げられ、1粒1粒がバラバラになった状態で、一瞬にして凍りつく。こうして、冷凍ピラフやチャーハンは、お米がバラバラになるのだ。

もともとこの方法は、冷凍のグリーンピースが互いにくっつかないようにと、アメリカで開発された技術。そのワザがお米にも応用されている。

みかんの缶詰
どうやって一房一房分けている？

ゼリーやパフェ、あんみつのトッピングとしておなじみのみかんの缶詰。缶をあけると、みかんの果肉が一房ずつ、きれいに皮が取り去られた状態でシロップ漬けになっているが、むろん、これは農家の人が手作業で房を分けたり、一つずつ皮をむいているわけではない。工場で、ほとんど人手を使わずに行われている。

まず、収穫されたみかんは、選果機でサイズごとに分類され、缶詰工場に運ばれる。工場に到着したみかんはきれいに洗浄され、湯を浴びせて外皮をふやかしてから、剥皮機に入れられる。

その剥皮機には、溝のついたローラーが同心円状に並んでいて、みかんはローラーの上をころがるうち、外皮が巻き込まれ、はがれるという仕組み。しかし、それだけでは、外皮を完全にははずせないため、残った皮は人間の手で取り除かれる。

こうして、外皮をすっかり取り除かれたみかんは、次の「身割り」と呼ばれる工程で一房ずつに分けられる。この工程で、みかんは、逆円錐状に張られたゴム糸の間を通り抜けることで一房ずつに分けられていく。装置の上からは高水圧の水が吹き出ていて、みかんはその水圧で小さなゴムの隙間に押し込まれていく。そのとき、一房ごとにバラバラになるというわけだ。

では、こうして一房ずつになったみかんの内皮は、どのようにしてむかれるか？というと、〝むかれる〟のではなく、薬剤で溶かされて取り除かれている。

まずは、約0・6%の塩酸溶液が入った長い螺旋状の滑り台の上を、35分かけて流れ下り、さらに0・3%の苛性ソーダの入った滑り台の上をおよそ25分かけて流れ落ちる。これですっかり皮が溶け、仕上げに30分間水にさらすと、缶詰のみかんのようなツルンとした姿になって出てくる。

その後、粒の大きさを選別機でより分け、崩れてしまった粒は人間の手によって、取り除かれる。ほとんどが機械作業とはいっても、やはり最後は人の手が欠かせないというわけだ。

ヨード卵
ふつうの卵との本当の違い

スーパーの卵売り場には、普通の白い鶏卵の他に、赤みがかったヨード卵が並んでいるものだ。ヨード卵はコレステロールを抑制し、ニキビや肌荒れにも効果があるという。

しかし、手を伸ばして買い物かごに入れようとして、思わず手を引っ込めた人もいることだろう。値段が普通の卵よりも高いからだ。値段が張るのは、ヨード卵を産ませるためには、けっこうな手間がかかるからである。

このヨード卵を産ませる手順とは……。

まず、ヨード卵は、コーチン、ワーレン、コメットなど、羽が茶色か黒色のニワトリが産む。それらの有色ニワトリは、そもそも値段が高く、仕入れにコストがかかっている。

また、エサも普通の配合飼料ではなく、特別なものが与えられている。トウモロコシ、魚粉、アルファルファを混ぜたものに、海藻などのヨードを添加した豪華版である。この添加したヨードが、ニワトリの体内でアミノ酸に結びついて有機ヨードに変化し、産む卵にも、有機ヨードが含まれるようになるというわけである。

というように、ヨード卵には、さまざまな面でコストがかかっている。値段が高くなるのも、やむをえないのである。

丸大豆醤油
「丸大豆」といっても、特別丸くはない理由

醤油は日本人の食生活に欠かせない調味料だが、近年、「丸大豆醤油」と銘打っ

た商品が増えてきたことにお気づきだろうか？

コマーシャルにもよく登場するから、「丸大豆」という言葉自体は耳になじんでいると思う。だが、「丸大豆」がいったい何を意味するのか、知る人は意外に少ないだろう。

「丸大豆」の〝丸〟は、形のことをいっているのではなく、大豆を「丸ごと」使っていることを意味する。

では、「大豆を丸ごと使う醤油」と、「大豆を丸ごと使わない醤油」は、どう違うのだろうか？

まず、「丸ごと使わない醤油」は、脂質を搾り取った「脱脂加工大豆」を使ってつくる醤油のことで、搾り取られた脂質は「大豆油」として利用されている。

一方、「丸ごと使う醤油」では、収穫したまま、搾油を行わない「丸大豆」が使われる。

したがって、これらの決定的な違いは、脂肪分が含まれているかどうか、ということになる。

ただし、脱脂した加工大豆の醤油よりも、丸大豆醤油のほうがかならずおいしいというわけではない。タンパク質の比率が大きい脱脂加工大豆を使うと、それはそれでコクのある醤油に仕上がるからだ。

なお、両者の違いを見分けるには、購入の際に、原材料の表示欄を見るとよい。丸大豆の場合は「大豆」、脱脂加工大豆の場合は「脱脂加工大豆」と表記されており、どちらのタイプの醤油かは、簡単に見分けられる。

万能ねぎ
大ヒットした背景に何がある？

福岡市近郊の朝倉町（現・朝倉市）で生産された「万能ねぎ」が、東京方面へ空輸されるようになったのは１９８３年（昭和58）のこと。当時、野菜の値段が全国的に値下がりし、福岡県園芸連の東京事務所では、何か首都圏で売れる野菜はないかと頭をひねっていた。

そのとき目をつけたのが、東京ではまだ高値で取引されていた「あさつき」であった。

食べてみると、福岡産の「青ねぎ」とよく似ている。「ひょっとすると、イケるんじゃないか」と、空輸を決断したという。

しかも、青ねぎは生で食べてよし、煮てもよし、薬味にしてもよしということから、名前を「万能ねぎ」と変えることにした。このネーミングが首都圏の主婦にうけて、名前を変えた青ねぎは最初の年に販売額1億円を突破、翌年には15億円を越えるヒット商品となったのだ。

たしかに、万能ねぎは、5センチぐらいの長さに切ると、関東の白ねぎの代わりに使える。さっとゆでると柔らかくなるので、わけぎの代わりにもなる。みじん切りにすれば、あさつきのように薬味としても使えると、その万能ぶりが重宝されつづけている。

天津甘栗

本当に天津産の栗を使ってるのか？

列車の旅には「やっぱり、天津《てんしん》甘栗」という人が、まだまだ多いだろう。列車に乗る前、駅のキオスクでお弁当や飲み物と一緒に、天津甘栗を買う人は少なくない。

あの小粒の甘栗を口に入れると、甘さがいっぱいに広がってくる。「この天津甘栗の甘さは、何でつけているの？」と思う人がいるかもしれないが、あの味は栗本来がもつ甘さである。

「天津甘栗」と呼ばれる小粒の栗は、中国で収穫されたもので、日本の栗とは種類が違う。ほんのりとした甘さが持ち味なのである。

ただし、その名前から、北京近くの港湾都市・天津で収穫されたものと思うだろうが、本当は天津産ではない。

天津甘栗に使われているのは、中国の河北省で収穫された栗。同省は北京の北方、万里の長城に近い地域だ。

河北省で収穫した栗を、なぜ「天津栗」と呼ぶかというと、その昔、中国の栗は天津港から日本へ出荷されていたから。

そのため、中国で収穫された小粒の栗は、すべて「天津栗」と呼ばれるようになったのだ。

日本の栗は、それほど甘くないし、渋皮が取れにくいという面倒くささがある。それに比べて、中国の栗は小粒だが、甘いうえ、渋皮を取り除きやすい。だから、釜の中で砂利と一緒に炒るだけで、渋皮がパキッと取れる「天津甘栗」ができあがるというわけである。

挽き肉

ギョウザの皮がそばにあるかどうかで鮮度がわかる

肉は、ある程度熟成の進んだいわゆる〝腐りかけ〟がうまいとされるが、挽き肉の場合は、できるだけ早く使ったほうがいい。肉を挽く際に、空気を多く含むので、そのぶん酸化しやすく、傷みやすいのだ。

ここでは、鮮度の高い、おいしい挽き肉を見分けるコツをお教えしよう。

挽き肉を買うときには、まず色をよくチェックしたい。きれいな赤色をしているのが、鮮度の高い挽き肉で、茶色に変色したものは酸化が進んでいる証拠。加えて、そのような劣化した挽き肉を置いている店は、他の肉にも注意したほうがいいことも覚えておきたい。

次のチェックポイントは、挽き肉が〝毛糸〟のようにきれいに挽かれているかどうか。もし、挽き肉の線が互いにくっついていたり、「く」の字のように、極端に折れ曲がっていたりしたら、肉を挽く機械（＝チョッパー）の調子が悪い証拠だ。

調子の悪い機械で挽いた肉は、余分な熱を受けて傷みが早くなる。したがって、そういう挽き肉を出す店は、避けたほうが無難といえる。

以上の2点が、挽き肉を買う際の必須チェック項目だ。だが、肉の良し悪しを見分けるための、最後のチェックポイントがまだ残っている。挽き肉のそばに、ギョウザや春巻の皮が置いてあるかどうかを、確かめてみることだ。

このように、同じ用途に使う商品を同じ場所に並べることを、業界では「関連陳列」という。もちろん、ギョウザや春巻の皮と、挽き肉の鮮度との間に、直接的な因果関係があるわけではない。だが、客が材料をあちこち探し回らなくてもいいようにと工夫し、買い物をしやすい環境を整えている店は、いい商品を並べる努力もしている確率が高いとはいえそうである。

骨なし魚
どうやって骨を抜いている？

「骨なし魚」は、もともと病院食として開発された。入院患者が手間をかけずに食べられるようにと、1998年、冷凍食品加工メーカーが「骨なしタチウオ」を発売したのが始まりだった。

すると、給食用やレストラン用、お弁当用にと注文が殺到。アッという間にヒット商品となった。

ここで思い出してほしいのは、普通の〝骨あり魚〟を食べているところ。たとえば、アジの開きを1枚食べるだけでも、骨を取り除くのはけっこう厄介な作業である。骨なし魚の生産現場では、どうやってたくさんの小骨を取り除いているのだろうか？

と思ったら、なんと、ピンセットで1本1本抜いているという。そんなご苦労な作業をしてくれているのが、おもに東南アジアの女性たちである。

現在、タチウオのほか、カレイ、サワラ、サケ、サバなどが、骨なし魚として売られている。

カップ麺
外からは見えない意外な仕掛け

カップ麺の人気の秘密はお湯を注ぐだけでおいしく食べられる、その手軽さにあるだろう。鍋などの調理器具をいっさい使わなくても、おいしく食べられるのは、むろんカップ麺の容器や麺に、さまざま工夫が凝らされているからである。

その工夫は、大きく分けて二つある。まず一つは、カップ麺の麺の塊が、容器の底の部分までギッシリ詰まっていないこと。容器の上下には空間があいていて、麺は宙づりの状態でその間におさまっている。そうすると、衝撃によって麺が折れることもなく輸送できるうえ、カップの強度も強くなるのである。

また、カップの下に空間があいていると、お湯を注いだとき、底のほうに熱湯がたまるため、麺が下のほうからもまんべんなくほぐれ、固さが一定になるのだ。

もう一つ、麺そのものにも工夫が凝らされている。カップから麺を取り出して観察してみるとわかりやすいのだが、カップの上の部分と下の部分では、麺の密度が変えられている。具体的にいうと、上ほど密度が高く、下にいくほどまばらになっているのだ。それが、麺の湯戻りを早くする秘訣なのだという。

チョコレート
日本製と海外製で味が違うのはなぜ？

年に一度、バレンタインデーの日、話題の中心となるチョコレート。ところが、

〝愛のシンボル〟であるはずの日本のチョコレートは、ベルギーやフランスのチョコレートメーカーからは「ニセ物」扱いされてきた。

ヨーロッパ勢の言い分によれば、植物油はいっさい使わず、カカオだけでつくるのが本物のチョコレート。本物のチョコレートはコクがあって、香りもいい。それに対し、植物油をたっぷり使う日本製チョコは、油くさくてとても食べられた代物ではないという。

この批判は、どうやらバレンタインデーのチョコレート需要を狙って、日本に進出したいヨーロッパ勢の〝口撃〟だったようだが、日本のチョコレートに6～20％程度の植物油が使われていることは事実である。つまり、ヨーロッパの基準でいえば、日本のチョコレートは本物ではないともいえる。

一方、日本のメーカーは、ヨーロッパと日本では気候条件が違うから、植物油を混ぜるのは仕方がないと反論してきた。高温多湿の日本では、カカオだけのチョコレートをつくったところですぐに溶けてしまうため、植物油を入れて溶けにくくしてあるのだという。

また、口に入れたとき、ふわっと溶けるような食感は、植物油を使っているからこそ出せるともいう。

たしかに、日本のチョコは、ヨーロッパ・スタンダードからすると、異端の食品かもしれない。ただし、日本人にとっては、慣れ親しんだ味の日本人の日本人による日本人のためのチョコレートであることは間違いない。

スナック菓子
なぜ銀色の袋に入っているのか

古くなったポテトチップスを食べて、お腹が痛くなった経験はないだろうか。これは、油脂が酸化すると、過酸化脂質という有害物質ができるためだ。じつは、このことと、ポテトチップスが銀色の袋に入っていることは、密接に関係している。ポテトチップスなど、スナック菓子の袋は内側が銀色になっている。昔は普通のビニール袋が使われていたが、最近はほとんどが内面が銀色の袋である。その狙いは、太陽光線を完全に遮断するためだ。

スナック菓子についた油脂は、高温で光が当たると急速に酸化する。そこで、銀色の袋で光をさえぎり、油脂の酸化を防いでいるのである。

ちなみに、東南アジアへ観光旅行したとき、屋台で食事をして下痢をすることがある。そんなとき、よく「油が合わなかった」というが、この場合も、高温のもとで太陽光線が当たり、油の酸化が進んでいたのが原因ということが多い。

旅行先でも、家の中でも、直射日光が当たった油には十分に注意したい。

無洗米

研がなくても食べられる〝無洗米〟の秘密

「無洗米」は、名前のとおり、研がなくても（洗わなくても）炊ける米のこと。従来の白米に比べて、①研がずに炊けるので手間がかからない、②環境に優しい、③ビタミンが豊富――という特長をもっている。

最近は、水を入れるだけで炊けるという便利さがうけ、米を大量に使う外食産業用に加えて、家庭用の売上げも増えている。

無洗米が環境に優しいといわれるのは、米のとぎ汁にはリンや窒素が多く含まれているため、そのまま流すと海や河川を汚染する恐れがあるからだ。その点、無洗米はとぎ汁を出さないので、環境に優しいといえるのだ。

また、ビタミンが豊富なのは、米を研ぐときに水と一緒に流れ出るビタミンB_1やナイアシンが、そのまま残るというメリットがあるためである。

では、なぜ無洗米は研がずに炊けるのだろうか？

そもそも、ご飯を炊く前に米を研ぐのは、白米の表面に付着した米ぬか（肌ぬか）を洗い流すためだ。肌ぬかがついたままの状態で炊くと、ご飯につやがなく、舌ざわりも香りも悪くなってしまう。しかし、肌ぬかは普通の精米機では取り除くことができない。

一方、特殊な精米機にかけ、肌ぬかを取り除いたものが無洗米だ。すでに肌ぬかを落としてあるので、研がずに炊けるというわけだ。

肌ぬかを取る方法は、白米の表面に付着した粘着性の高い肌ぬかを、同じように粘着性をもったぬかで、はがすように取り除くという方法。

これは、ガムテープをはがした跡をガムテープで取るとキレイに取れるのと同じ原理だ。

このほか、少量の水分で肌ぬかを洗い流してから乾燥させる方法もある。

ちなみに、無洗米を炊くときは、普通の精米を炊くときよりも、10％ほど水を増やすのがおいしく炊くコツ。同じ1合の米でも、無洗米は肌ぬかを落としてある分だけ量が多いことになり、通常の水量では硬く炊きあがるためだ。

また、家庭で保存するときは、1か月以内で食べ切るか、それを過ぎる場合は冷蔵庫で保存するといい。

2
ラーメン、寿司……
街のお店の裏話

インド料理店

最近、インド料理店が急増している意外な事情

近年、インド料理店が急増している。とくに、首都圏において著しい。NTTのタウンページを見ると、2011年3月には全国で1443軒あり、これはその4年前の5倍に近い。このうち45％は首都圏にあり、数にして644軒にのぼる。

インド料理店が増えた背景には、近年、インドから大勢のIT技術者が来日していることがある。よく知られるように、インドはIT大国で、日本に駐留するIT技術者が増えつづけているのだ。2010年末の在留インド人は2万2497人で、2006年末より19％増えている。このうち、IT技術者を含む技術資格の在留者は3517人。彼らを含めた需要増を見越して、インド料理店が増えてきたのだ。

もちろん、インド料理店を訪れるのは、インド人だけではない。彼らの同僚や取引先もインド料理店に足を運ぶ機会が増え、あらためてインド料理のおいしさに目覚めたという日本人が増えているのだ。

ほかに、ヨガを通じて、インド料理に関心をおぼえるケースも増えている。美容

や健康のためにヨガを習う人は少なくないが、美容や健康と食べ物は切っても切れない関係にある。ヨガ教室に通ううちに、ヨガの本場のインドの食べ物にも興味を持ち、インド料理店に足を向ける人が増えているのだ。

外食メニュー
外から見えない「食品表示」のウラの裏側

2013年に発覚した大手ホテルや百貨店の食材、メニューの偽装問題では、責任者が謝罪の言葉を述べることはあっても、関係者が検挙されたり、店舗が営業停止になるという事態には至らなかった。一方、2008年に和菓子メーカーが消費期限を偽装していたときは、一定期間の営業停止処分を受けた。同じ「偽装」なのに何が違うのだろうか?

食品表示にまつわる法律には、食品衛生法、JAS法(日本農林規格法)、健康増進法、景品表示法、不正競争防止法などがある。そのうち、食品衛生法は、飲食に起因する衛生上の危害発生を防ぐための法律で、消費期限を偽った和菓子メーカーは、この法律違反で営業停止処分を受けた。

ＪＡＳ法は、品質に関する適正な表示を求める法律で、スーパーなどで売られている容器入りの食材や加工食品を対象とする。健康増進法は、健康の増進を図るための表示義務などを求める法律だ。

景品表示法は、売上や利益の増大のために不当な宣伝を行なったり、過大な景品をつけたりすることを禁止する法律、不当競争防止法は、市場における公正な競争を目的とした法律である。

ホテルやデパートの食材やメニューの偽装は、品質に関する適正な表示を求めるＪＡＳ法違反のように思えるが、ＪＡＳ法はレストランのメニューを対象にしていないので、今回の一連のケースには適用されない。また、ホテルなどが不当表示でお客を呼び込もうとしたと考えると、景品表示法や不当競争防止法違反のようにも思えるが、これらの法律がレストランのメニューに適用されたケースはほとんどない。

加えて、「偽装」といっても、今回の件には内容が微妙なものも多かった。たとえば「鮮魚」と称して冷凍魚を利用していた場合でも、そもそも「鮮魚」の定義自体が曖昧なので、冷凍魚を「鮮魚」としても、必ずしも偽装とは言いきれない。それもあって、一連のケースは「偽装」＝「違法」とはならなかったのだ。

寿司①
出前の寿司とお店の寿司では握り方が違うワケ

ソバにしろ、ラーメンにしろ、ピザにしろ、出前は早いにこしたことはない。「すぐ食べたい」ことに加えて、食べ物はつくりたてが一番おいしいからである。とくに、ソバやラーメンは、出前の途中で道に迷われでもしたら台無しである。

それなら、寿司はどうか。寿司は麺類ではないし、もともと温かい食べ物でもない。寿司なら、出前に時間がかかっても、味はそう変わらないのでは、と思う人もいるだろう。

しかし、じっさいには、寿司も時間が経てば、味が落ちていく。シャリは冷えてかたくなり、巻物は湿気を吸ってのりの切れが悪くなる。

それでも、普通の時間内に届けば、店で食べるのとそう変わらない味を楽しめるのは、そこに寿司職人の工夫があるからである。寿司店では、出前の寿司を握るとき、店内で出す寿司とは、握り方を微妙に変えているのだ。

店内の客に出す場合はギュッと握るが、出前の場合はふんわりと握る。そうすると、ある程度時間が経ってからでも、シャリをやわらかく食べられるのだ。ベテラン職人は、親指の使い方だけで調整できるという。

また、やわらかく握られている分、出前の寿司は、店内の寿司よりも、見た目が少し大きく見える。見た目大きめの寿司が届けば、客としてはうれしいものだ。多少時間が経ってもおいしく感じるのは、このあたりも影響しているのかもしれない。

寿司②
高級ネタほど、量の操作がしやすい⁉

高級寿司店にも「明朗会計」を強調する店が多くなった。昔は、値段がわからないまま食べるのが普通だったが、今では、店内に値札が下がっていたり、メニューが用意されている。

しかし、寿司屋は、仕入れ値が毎日変わるので、本来、定価販売には向かない商売である。そのため、急に仕入れ値が上がったときは、店側では次のような細工をして原価を調整している。

たとえば、その日の仕入れ値が高ければ、一貫あたりのネタの量を少し減らすのである。たとえば、イクラの場合、某寿司チェーンの店長によれば、1キロで20貫〜40貫までつくり分けることができるという。

仕入れ価格が高ければ、イクラの盛り方を少なくして貫数を増やし、安ければ貫数を抑えてサービスする。イクラは軍艦巻きにするのでイクラの量が多すぎても食べにくい。それだけに、量が減ってもあまり気にならないため、ごまかしやすいという。

また、イクラ同様、原価を操作しやすいのが、ウニだという。ウニには、キロ2000円以上の国産ウニから、半値以下の冷凍輸入のウニまである。原価を抑えたいとき、少しグレードを落としても、それに気づく客はめったにいない。さらに、量を少しずつ減らせば原価をグッと下げられる。

さらに、マグロも、種類、部位、肉のつき具合によって仕入れ値が変わる。種類でいえば、いちばん高いのが本マグロで、以下インドマグロ、メバチマグロ、キハダマグロとなる。しかし、ひと口食べただけで、その違いがわかる人は少ない。

また、店によっては、グレードを落とさない代わりに、ネタを薄くするところもある。ふだんなら10枚のネタをとるのに、ミリ単位で薄くして12枚、13枚のネタをとる。包丁の入れ方一つで、原価を下げられるというわけだ。

寿司③

どうして、砂糖を入れるようになったのか？

江戸前寿司といえば、にぎり寿司のことで、関西の寿司は、もともとは押し寿司やバラ寿司が中心だった。江戸前寿司と関西寿司は、それぞれ別々に発展してきたもので、つくり方はもちろん、寿司飯の味つけからして異なっている。

江戸（東京）では、戦前まで、砂糖は使わず、塩と食酢だけで寿司飯を作っていた。そのほうが、ネタである魚の味が際立つからである。その時代、江戸では、江戸前（東京湾）の新鮮な魚が手に入ったので、魚の味を引き立てることが、もっとも重要とされたのだ。

一方、関西では、砂糖を米の10％も入れる。甘口にすると、米が固くなりにくく、殺菌効果も期待できる。関西では、祭りやお祝いなどの前日に寿司を作って、家族で食べたり、客にふるまうことが多かったから、ひと晩置いても大丈夫なように、雑菌の繁殖を抑えることが必要だったのだ。

ところが、戦後になると、江戸前寿司でも、寿司飯に砂糖を加えるようになった。

戦後の食糧難の時代、甘味を求めるお客のニーズに対応して砂糖が使われ始めたのである。その後は、米の質が変化し、砂糖を使わなければ、味が保てなくなった。

とりわけ、人工乾燥させた米は、吸水力が弱く、酢をふりかけても十分には吸わない。そこで、砂糖の保水力を利用して、米に酢を吸収させているのである。

また、砂糖を加えると、寿司飯にツヤが出て、輝きが出るという効果も生じる。単に砂糖を溶かしただけではツヤは出ないが、合わせ酢をつくるとき、砂糖を溶けやすくするため加熱すると、飴のようなつやが生まれ、輝きのある寿司飯に仕上がるのだ。

ちなみに、江戸前寿司が全国に広まったのは、関東大震災がきっかけだった。東京で職場を失った寿司職人たちが、故郷に帰るなど、全国に散らばって店を開いたためである。

ラーメン店①
人気店のはずが突然つぶれる理由

栄枯盛衰の激しい飲食業界のなかでも、とりわけ熾烈な戦いがつづいているのがラーメン業界。ラーメン激戦区といわれる地域では、新しい店が次々とオープンし、口コミやインターネットによる情報交換で人気に火がつけば、あっという間に人気店の仲間入りをする。一方、客の入りが悪い店は、数か月で閉店に追い込まれてしまう。

むろん、すぐにつぶれるようなラーメン店は、単に味がまずかっただけかもしれない。しかし、不思議なのは、人気店だったはずの店が、いきなり閉店するケースがあることだ。

この業界では、マスコミにも取り上げられ、店の外に行列ができていたラーメン店が、ある日突然つぶれてしまうことがあるのだ。

その店のファンにしてみれば、「うまかったのに、なぜ?」と首をかしげるばかりだが、そういう店は、「ブーム」があだになって、閉店に追い込まれることが多いという。

人気店が閉店に追い込まれるまでの経緯を追ってみることにしよう。

まず、店の評判が口コミなどで広まり、それがテレビや雑誌などで紹介されると、急激に客が増える。すると、客をさばききれなくなった店は、厨房設備を拡充したり、家賃の高い一等地に支店をオープンさせるようになる。飲食店経営の専門家にいわせると、これがいちばん危ないケースなのだという。

いわずもがなだが、ブームとは一過性のもの。それが去ったあとは、いくら人気店といえども、客足はピーク時の半分くらいまで落ち込む。

ラーメン店の場合、ブーム期の平均来客数の4分の1をリピーターにできなければ、その後の経営は危うくなるといわれているが、それを見越せずに安易に経営を拡大すれば、あっという間に資金繰りが悪化し、やむなく閉店するハメになってしまうのだ。

ラーメン店②
秘伝のスープづくりに必要な経費

ラーメン店でもっとも大変な仕事は、スープの仕込みである。ラーメン職人のこだわりは、このスープの仕込みにこそ発揮される。

もっとも、多くのラーメン店では、専門業者から濃縮スープを購入している。それを薄めてお客に出しているのだ。一方、行列のできるような名店では、オリジナルな味にこだわって、自家製スープを作っている。

ところが、この自家製スープ、作ってみると、想像以上にコストがかかる。トンコツ、トリガラ、魚介類など、素材にこだわれば、それだけコストが増えるのはいたしかたないが、それ以外にもかなりの出費を覚悟しなければならない。

まずは水道代である。

とくに、トリガラは血管や内臓の取り残しが少しでもあると、てきめんにスープがにごってしまう。そのため水を出しっぱなしにして、ていねいに洗い落とす必要がある。たいていは、その店で修行中の若い人の仕事だが、大量のトリガラを洗い終わるのに、毎日、数時間はかかる。その水道代がバカにならないのだ。

さらに、ダシを取り終わったトリガラやトンコツは、その後大量の生ゴミとなる。一般用のゴミ置き場に出すわけにもいかず、特別にお金を払って処分してもらう必要がある。これが月に数万円にもなる。

その他、廃水や悪臭を消す費用を合わせると、月に数十万円ものコストがかかってしまうのだ。

そのため、最初は自家製スープづくりに燃えたものの、採算が合わず、泣く泣く濃縮スープ利用に後退するラーメン店もある。

カレー
スパイスを30種も混ぜるのは日本人だけ!?

カレーライス、カレーパン、カレーうどん、カレー丼と、日本の食文化にすっかり溶け込んでいるカレー。家庭料理としては、市販のカレールーを使えば簡単につくれる手軽さも、人気の理由の一つだろう。

ところが、カレーの本場インドには、カレールーのような便利なものは存在しない。インドのカレーは、各家庭独自のスパイス調合法に基づいてつくられ、しかもスパイスの混合比率は、気候や具材、家族の健康状態や食欲によって変えられるのが普通。だから、日本のような、完成品としてつくり上げられたカレールーは存在しないのだ。

日本とインドのカレーの違いは、それだけではない。日本では、スパイスの種類が多いカレールーほど、味に深みが出るといってもてはやされるが、インドではそんなことはいわれない。

ためしに、日本のカレーと、インドのカレーを比べてみよう。日本のメーカーが売り出すカレールーは、30種以上ものスパイスが含まれているケースがほとんど。対して、インドのカレーは、「コリアンダー」「クミン」「フェヌグリーク」「ターメリック」「カイエンヌペッパー（とうがらし）」といった基本スパイスを含め、12種も使われれば、多いほうである。

では、スパイスの種類の多い、少ないで、いったいカレーの何が変わるのか？ スパイスの種類の違いは、スパイスの刺激の度合いの差として表れる。両者を食べ比べてみるとわかるが、スパイスの種類の少ないインドのカレーは、「辛い」「苦い」といった味のパンチや香りの刺激が強い。一方、何種類ものスパイスを混合した日本のカレーは、味や香りのシャープさが相殺されて、マイルドに仕上がっている。

おまけに、日本では、スパイスをローストしてから使うため、いっそうマイルドな味になる。そのマイルドな味わいこそが、スパイス本来の荒々しい刺激を活かしたインドカレーとの大きな違いである。

なお、日本では「カレーはひと晩寝かせるとおいしくなる」といわれるが、これも寝かせるうちにスパイスの刺激が飛び、日本人好みのまろやかなカレーになるため。とにかく、日本人はマイルドなカレーが大好き。本場のカレーは、日本人の舌には刺激が強すぎるのである。

クロワッサン
見かけはシンプルでも…

キャンパスやオフィスで、昼休みに女の子がクロワッサンを食べている姿を見かけることは少なくない。サクッとした食感と、「クロワッサン」というエレガントなネーミングにひかれて、このパンを選ぶということもあるだろう。そして、見た目がシンプルなだけに、「ダイエット中なので昼食はクロワッサン」という女の子もいるかもしれない。しかし、これはとんでもない思い違いである。

１００グラムあたりのカロリー量を比べてみると、ご飯と食パンが同じで４２０キロカロリーなのに、クロワッサンは５７０キロカロリーもある。クロワッサンは、シンプルな見かけとは裏腹に、高カロリーな食べ物なのである。というのも、クロワッサンは多量の油脂を含んでいるからだ。そのことは、クロワッサンに触ると指先がべたつくことからでもわかるだろう。

クロワッサンのパン生地には、カロリーの高いラードやショートニングオイルが含まれている。食パンと同じように考えてクロワッサンを毎日食べると、気がついたときには、体重計の針が大きく振れている、なんてことにもなりかねない。

なお、もっとも警戒すべきは、チーズ・クロワッサン。チーズは高カロリー食品であり、摂取するカロリーはさらに高くなってしまう。

北京ダック
肉の部分は誰が食べているのか

北京ダックを初めて食べたとき、皮しか出てこないことに驚いた人はいないだろうか。

北京ダックは、ご存じのように、高タンパクのエサで太らせたアヒルを、こんがり焼き上げた料理で、肉ではなくパリッとジューシーな皮を、薄い小麦粉の皮（薄餅）に巻いて食べる贅沢な料理である。

しかし、そうと承知していても、やはり気になるのは、「肉はどうなるのか」ということ。「せっかく一品数千円もする料理を頼んだのだから、肉も一緒に食べたい」と思ったことのある人は少なくないはず……。

はたして、テーブルに出されない北京ダックの肉の部分は、どう処理されているのだろうか？　また、「肉もください」と注文することはできるのだろうか？

対応は店によってさまざまだが、「肉も出してほしい」と頼んでみること自体は、マナー違反ではないから、勇気を出して頼んでみるといい。

肉の使われ方で多いのは、ラーメンの具などに利用されるケースだ。ほかには、従業員用のまかない料理に使っている店もある。いずれにしても、皮に比べて味の劣る肉は、北京ダック料理の一部としては扱われないわけである。

その一方で、初めから、肉の部分もスライスして出してくれる店もある。また、肉で何か作ってほしいと頼めば、チャーハンやモヤシ炒めなどに使ったり、サラダにのせるなどして、出してくれるところもある。肉の使い方は、店によってまちまちなのだ。

さらに、本場中国の北京ダック専門店になると、骨でダシをとってスープにするのはもちろん、内臓や、水かき、舌なども別の料理として出されることが多い。日本と違い、あちらの北京ダック料理は、皮・肉・骨で一つのセットなのである。

以上のような事情を踏まえて、もし「贅沢もいいけど、本場風に肉も食べたい」と思う人がいたら、お店に確認してから注文することをおすすめする。その場合、値段がどうなるかも、遠慮なく聞くといいだろう。

お子様ランチ

いつのまにかエビが主役になったのはなぜ？

デパートのレストラン街には、和・洋・中華とさまざまな飲食店が並んでいる。どこに入るか目移りし、フロアを一周する人も少なくない。

ところが、家族連れであれば、どの店に入るか、その答えはけっこう簡単に出る。「お子様ランチ」があるかどうかで選ぶことが多くなるからだ。ハンバーグ、エビフライ、卵焼きと、子ども好みの料理が盛られたお子様ランチは、依然根強い人気を集めている。

さて、そのお子様ランチにもっとも多く採用されている食材はエビである。全国のお子様ランチの60％に、エビを使った料理が入っているという。とくにエビフライは、お子様ランチに欠かせない定番メニューである。

なぜ、お子様ランチにはエビフライが欠かせないのか。それにはいくつかの理由がある。

一つは、エビフライが子どもにも食べやすい料理であること。ハシがうまく使えない幼児でも、エビフライならフォークで食べられる。また、身は柔らかいし小骨もないから、大人が世話をする必要もない。

二つめは、エビが赤い色をしていることだ。

色彩心理学では、子どもが赤い色の食品を好むことは常識。エビフライ自体はキツネ色でも、赤い尻尾がエビ本来の赤色を想起させ、子どもの食欲をそそるというわけだ。

三つめは、つくり手側の理由で、調理に手間がかからないこと。子ども連れの客に対しては、子どもの料理は親よりも早く出すのが飲食店の鉄則である。そうしないと、子どもが泣き出したり、大人のものをつまみ食いしたりするからだ。その点、エビフライは下ごしらえさえしておけば、時間はほとんどかからない。

四つめは、サイズをそろえやすい点である。子供が何人もいる場合、サイズの問題は重要である。大きさが違えばケンカになってしまうこともありうる。その点、エビはもともと規格が厳しい食材であり、サイズをそろえやすい。

というわけで、エビはお子様ランチに必要な条件のすべてを満たしている食材という次第である。

お子様ランチ・ワールドでのエビの王座は、当分安泰だろう。

ピータン

出来上がるまで数か月もかかる理由

中華料理店で前菜の盛り合わせを注文すると、アヒルの卵からつくられたピータンが登場することが多い。独特の風味とコクがあるその味にハマって、ピータンのとりこになる人もいる。

しかし、その一方で、「中華料理は好きだけど、ピータンだけはちょっと苦手……」という人もいる。その理由を聞くと、見た目がグロテスクだし、だいたいからして卵はナマ物のはず。「腐っているみたいでイヤだ」という答えが返ってくる。

そういわれてみると、たしかに不思議である。なぜ、ピータンは何か月も腐らせずに保存することができるのだろうか。

ピータンを燻製食品と思っている人もいるだろうが、じつはそうではない。もっとじっくり時間をかけてつくられている。ピータンをつくるには、数か月の時間が必要なのだ。

新鮮なアヒルの卵を殻ごと石灰、茶葉、塩、炭酸ソーダ、黄泥を混ぜたもので包み、冷暗所で3、4か月間、密閉貯蔵する。

密閉貯蔵している間に、卵は自然に発酵、熟成し、あの独特の風味とうま味がジワジワと出てくるのだ。卵のまわりは殻で覆われているうえ、いろいろな素材で包まれているので、乾燥を防ぐこともできる。これが、ピータンの保存性の高さの秘密である。

しかし、いくら長持ちするとはいえ、熟成してから半年以上経てば、発酵がますます進んで、最終的には腐ってしまう。

なお、ピータンはアヒルの卵だけではなく、ニワトリの卵でもつくることができる。

ソフトクリーム
日本人が食べ始めたのは、あの大女優の影響

冷たくて、なめらかな舌ざわりが魅力のソフトクリーム。庶民的な食べ物として、すっかり定着しているソフトクリームだが、日本人が食べるようになったのは、そう昔のことではない。日本にソフトクリームがお目見えしたのは、1951年7月、

とだという。

米軍が独立記念日を祝って、東京・明治神宮外苑でカーニバルを開催したときのこ

それが日本中に急速に広まったのは、その2年後に公開された、ある大ヒット映画の影響だった。オードリー・ヘップバーン主演の『ローマの休日』である。

映画をご覧になった人ならご記憶だろうが、この映画には、ヘップバーンがローマのスペイン広場で、コーンにのったソフトクリームを、じつにおいしそうに食べるシーンがある。そして、このシーンが評判になって、ソフトクリームが大流行。日本のあちこちで、老いも若きもソフトクリームをペロペロする光景が、見られるようになったのである。

もっとも、ヘップバーンが食べていたのは、じつをいうと、今でいう「ジェラート」だった。ソフトクリームとジェラートは、厳密に定義すると、違うものである。もちろん口当たりも違う。

まあ、そんな些細なことは、当時の日本人にとっては、たいした問題ではなかった。映画に登場した、ヘップバーンのショートヘアーが大流行したように、当時の人には、ソフトクリームをペロペロするという、ヘップバーンの気取らないしぐさがオシャレでカッコよく見えたのである。

3
産地から流通まで
食べ物の裏のウラ

ミカン

毎年ミカンを豊作にするための驚きの技術とは？

最近の温州《うんしゅう》ミカンは、当たり外れが少なくなった。かつて温州ミカンといえば、酸っぱすぎるものや甘さの足りないもの、スカスカした果汁不足のものなどが混ざっているものだったが、いまは一様に甘く、ほどほどの酸っぱさで果汁もたっぷりと、品質が安定している。これは、ひとえに栽培技術の進歩のなせる業である。

もともと温州ミカンには、出来のいい年の翌年は不出来になるというパターンがある。「隔年結果」といわれるもので、ミカンの枝の特性によって起きる現象だ。

同じ1本のミカンの木には、2つのタイプの枝があって、一つは母枝や結果枝と呼ばれ、よく実がつく。それが翌年は果柄枝、あるいは発育枝と呼ばれる枝になり、果柄枝にはさほどいい実がつかない。つまり、ミカンの木は母枝が多い年は豊作となるが、翌年には果柄枝の多い年となって、一転、不作に陥ってしまうのだ。

かつては、その繰り返しで、出来・不出来があったのだが、いまの農家はミカンの枝をうまくコントロールしている。母枝と果柄枝のバランスを整えて、不出来の年ができないようにしているのだ。

その工夫の一つに、剪定法《せんてい》がある。豊作年のあとには、母枝をできるだけ切り落としてしまうのだ。今年の母枝（翌年の果柄枝）を少なくすれば、翌年の母枝に栄養がいきやすくなり、翌年も豊作を期待できるというわけだ。一方、ミカンの不作年とおぼしき年のあとには、果柄枝を間引いてしまう。すると、翌年の母枝は減ってしまうが、翌々年まで計算に入れると、バランスがよくなるのだ。

アスパラガス
流通中に鮮度が落ちやすいアスパラガスの謎

アスパラガスは、仲卸業者泣かせの野菜である。流通中にも、鮮度が落ちていくからだ。

アスパラガスが流通過程で劣化しやすいのは、育ち盛りの時点で収穫することと関係する。育ち盛りのアスパラガスの生長はじつに早く、土に植えてある状態だと、1日に7センチも生長する。

アスパラガスが育ちきるのを待つと、栄養やうまみが使われてしまうので、育ちきる前、つまりは育ち盛りの時点で収穫してしまうのだ。

ただ、育ち盛りのアスパラガスは、扱いが難しく、流通過程で温度が高すぎたり、酸素が不足すると、穂先の若芽が萎れたり、軟化したりしやすい。それでは、独特の食感が台無しになりかねない。

そんなわけだから、仲卸業者は扱いに万全を期している。トラックでの輸送では低温を保つとともに、収納するケースは、アスパラガスの呼吸に支障のないものを選んでいる。

ブロッコリー
どうして氷詰めにして輸入するのか

ブロッコリーとカリフラワーは、同じアブラナ科の野菜。昭和30年代まではカリフラワーが優勢で、スーパーや青果店でブロッコリーを見かけることは少なかった。ところが、昭和40年代からブロッコリーの需要が高まり、いまでは消費量でカリフラワーをはるかにしのいでいる。

ブロッコリーが人気野菜になった背景には、輸送技術の発達がある。いまでこそブロッコリーは国産物と輸入物が半々だが、かつてはアメリカからの輸入に頼っていた。当初、日本に入ってきたものには黄色く劣化したものが多く、それがブロッコリーの不人気の原因だった。

ブロッコリーは緑色の蕾の状態で食べてこそ食感がよく、栄養価も高い。だが、アメリカから船で運ぶと20日間ほどかかるので、収穫後も成長し続けるブロッコリーは途中で開花してしまい、日本に来たときには品質が落ちていたのだ。

やがて、その難点が克服される。ブロッコリーを成長させない輸送技術が開発されたのだ。

ブロッコリーは水分量が85％と、野菜の中では比較的少ない。それを利用して考えられたのが、氷詰めにして輸送するという方法だ。

耐水性のダンボール箱にブロッコリーを入れ、シャーベット状の氷水を詰め込む。そのダンボール箱を0度に温度管理した冷凍庫に入れ、日本まで運ぶのだ。その状態なら、ブロッコリーは開花することもないし、水分量が少ない分、凍りつくこともない。鮮度のいい蕾の状態を保ったまま輸送できるというわけだ。

こうして、日本でもおいしいアメリカ産ブロッコリーを食べられるようになり、それが今日のブロッコリー人気につながることになったのだ。

小松菜

栽培農家の〝月給代わり〟になるワケ

小松菜は、ほぼ1年じゅう店頭で見かける青物野菜。ホウレンソウよりアクが少なく、ときにホウレンソウよりも値段が安い。農家にとってもありがたい野菜で、〝月給代わり〟にしている農家も多い。小松菜は、ほぼ毎月収穫・出荷できる野菜だからである。

まず小松菜は、ハウス栽培なら1年じゅう育成できる。しかも、栽培期間が短く、育てるのに時間がかからない。夏場なら3週間ほどで出荷でき、1年でならしても1か月余り、1年間に10回程度は栽培できる。つまり、農家は小松菜を栽培していれば、毎月のように収入が入ってくる。

小松菜による定収入は、農家にとって、まるでサラリーマンの月給のような役割を果しているのだ。

しかも、小松菜栽培はリスクが低い。栽培期間が短いということは、それだけ病気にかかるリスクが少ないことでもある。

また、小松菜は冬の寒さにも強い。霜にもやられず、葉が凍ったとしても、枯れることはない。

加えて、栽培期間中、間引き1回、追肥1回で十分に育つから、手間もかからない。小松菜はじつに便利な作物なのだ。

その小松菜は江戸時代、いまの東京都江戸川区小松川付近で栽培がはじまった。徳川将軍に献上されたさい、小松川で取れる菜っ葉ということで、「小松菜」と命名されたという。

現在も、都内や埼玉県でよく栽培されていて、東京周辺では正月雑煮の具にもなっている。

ニンジン
三寸が姿を消し、五寸が主流になった理由

ニンジンは、昔といまとで大きさや風味が大きく変わった根菜。かつてのニンジンには独特の青臭さがあり、子どもに嫌われたものだが、品種改良によって臭みは消え、いまでは子どもにも食べやすい野菜になっている。

また、以前のニンジンは大きさがまちまちだった。そもそも、ニンジンには西洋系と東洋系があり、後者の代表格は「京人参」（金時人参）だが、関西以外ではそうは出回らない。全国的に多数出回ってきたのは西洋系ニンジンで、これには「三寸ニンジン」と「五寸ニンジン」があった。つまり、店頭には、長さ10センチ程度の三寸ニンジンと、長さ15～20センチほどの五寸ニンジンとが混在していた。それがいまでは、三寸ニンジンはあまり見かけなくなり、五寸ニンジンが主流となっている。

三寸ニンジンが劣勢となったのは、そもそも収量が少なかったからだ。三寸ニンジンは育つのは早いのだが、収量が少なく、五寸ニンジンに比べて経済性が悪い。そこで多くの農家が三寸ニンジンを切り捨て、収量の多い五寸ニンジンに切り換えるようになった。

さらに五寸ニンジンは、消費者から支持もされた。もともと、五寸ニンジンは三寸ニンジンに比べ、肉づきがよかった。そこに改良された暖地型の五寸ニンジンが登場すると、三寸ニンジンとの差は決定的となる。暖地型の五寸ニンジンは独特の青臭さがなく、甘味が強い。それが消費者にも好まれて、三寸ニンジンは徐々に姿を消すことになったのだ。

ダイコン

唯一、火山灰土でもよく育つのは？

鹿児島の名産、桜島ダイコンは世界最大のダイコンといわれ、通常で6キロにもなる。最大では30キロにもなるが、考えてみれば不思議な話である。

桜島ダイコンの畑は、火山灰土で覆われ、一般的には植物の育成に適さない。火山灰土は砂のようであり、保水力がないからだ。そんな場所がダイコンの名産地になったのは、桜島ダイコンにかぎらず、ダイコンが火山灰土での栽培に適しているからだ。

ダイコンは、水分が多すぎると湿害に遭いやすい。その点、保水力の乏しい火山灰土なら湿害に遭いにくい。

また、火山灰土はすき間が多いうえ、地中に石ころが含まれていないこともダイコンの生長に追い風となる。ダイコンが地中に伸びるさい、地中に石や木の根があると、それらが障害物となって生長が阻害される。ダイコンの先が大きく曲がったり、二股に分かれてしまうのだ。その点、火山灰土の中には障害物がないので、ダイコンはすくすく伸びて大きく育つことができるのだ。

また、火山灰土はすき間が多く、土をひとつかみしたとき、すき間の割合は8割から8割5分にもなる。一般の土壌では5〜6割だから、じつにすき間が多い。そのすき間に空気をたっぷり保てることも、ダイコンの生長には利点になる。

なお、東京の名産、練馬ダイコンが生育する土地は関東ローム層である。関東ローム層は細かな土でできていて、火山灰土に性質が近い。ダイコンが好むのは、そのようなさらさらした細かな土なのだ。

コーヒー豆
「新茶」「新米」のように〝新豆〟もあるの？

日本茶にしろコメにしろ野菜にしろ、農産物はとれたてがいちばんである。新しく収穫されたものは、「新茶」「新米」「新たまねぎ」や「新じゃが」などと呼んで区別され、その時期になると消費者はこぞって買い求めるが、それはやはり、新鮮なものは文句なしにおいしいからである。

ところが、同じ農産物でも、収穫期がわからないのがコーヒーである。まあ、日本はコーヒー豆を１００％輸入に頼っている国だから、収穫期といわれてピンとこないのも当然の話だろう。しかし、一般にあまり知られていないだけで、コーヒーにも新豆は存在する。

ただし、いつごろ収穫されたものが「新豆」に当たるかというと、これは一概にはいえない。コーヒー豆は生産地によって収穫時期が異なるからである。また、収穫からどれくらい経つと、新豆と呼べなくなるかという明確な基準もない。

だが、「新豆」と呼ぶ基準だけはある。コーヒーには10月1日～翌年の9月30日を一つのサイクルとした「コーヒー年度」という独特の期間の単位があり、それに基づいて新豆かどうか判断されるのである。

具体的には、コーヒー年度内に収穫したものは「カレントクロップ」、そのなかでもとれたての特徴を残した豆を新豆、「ニュークロップ」と呼ぶ。逆に2年以上置いた豆は「オールドクロップ」と呼ばれる。

さて、気になるのはニュークロップの味のほうだが、新茶や新米のようにおいしいのだろうか。

ニュークロップは、酸味、甘味ともに強いのが特徴といわれる。新豆は水分量が多く火が通りにくいため、深く焙煎することになる。その分、苦めになりやすいのだ。つまり、新豆だからといって飛び抜けておいしくなるわけではなく、人によっては、酸味の落ち着いた、柔らかい味のオールドクロップを好む人もいるということだ。

コーヒー豆の場合には、とれたてがもっともおいしいという農作物の〝法則〟は当てはまらないのである。

スーパーの野菜
どうして消費期限が表示されない?

スーパーで売られている商品のほとんどには、消費期限や賞味期限が表示されている。缶詰やレトルト商品はもちろん、肉や魚、貝類にも、パックに日付入りのシールが貼りつけられている。

ところが、野菜だけは、消費期限も賞味期限も明示されていない。おそらく、消費期限つきのダイコンやトマトを見た人はいないだろう。

その理由は単純で、野菜の場合、自分の目で見て消費期限を判断できるからだという。

もともと食品衛生法が、消費期限や賞味期限の表示を義務づけているのは、「その商品の変化の程度が見た目で判断しにくいもの」である。

たとえば、肉や魚、貝類は、どれくらい悪くなっているか、見た目では判断しにくい。「大丈夫だろう」と思って食べたら、予想以上に細菌が繁殖していて、お腹をこわすこともありうる。まして、缶詰やレトルト食品の場合は、じっさいに食べてみないと、いたんでいるかどうかわからないことが多い。

一方、野菜は鮮度が落ちてくると、変色したりしおれたりする。さらに時間が経つと、黒ずんだりべとついたりしてくる。

消費者が、見た目で「もう食べられない」と判断できるので、消費期限も賞味期限も表示されていないのである。

マスクメロン
一度収穫しただけで、「土」をすべて入れかえる理由

フルーツの中でも、飛び抜けて値段の高いマスクメロン。そうそう食べる機会はなく「子どものころマスクメロンをスイカのようにかぶりついて食べるのが夢だっ

た」という読者もいるのではないだろうか。

ところで、マスクメロンが高値なことは知られていても、なぜ高値で取引きされているかについては、あまり知られていないようだ。

マスクメロンはひじょうにデリケートなフルーツで、その栽培には、大変な手間とコストがかかる。

マスクメロンの栽培は、種をまいてから花が咲くまでにおよそ50日。それから人工交配を経て、さらに50～55日かけて収穫となる。もっとも、この程度の時間は、どんな果物をつくるにも必要だが、マスクメロンがほかのフルーツと違うのは、一つの苗に一つしか実をつけないこと。そうと知れば、割高になるのも当たり前の話と納得がいくだろう。

さらに厄介なのは、一度収穫が終わったあとは、温室の土をすべて取り替えなければならないことである。

そもそもマスクメロンは、ハウスの地面をそのまま使って栽培できるほど、タフな植物ではない。種をまくときは、消毒した土を用意しなければならないし、いったん収穫が終わると、その土はもう使えないのである。

なぜそのような手間が必要かというと、一つは病気を防ぐため。もう一つは、水はけをよくするためだ。マスクメロンの栽培は、水やりの加減が品質を左右するため、土の〝総取り替え〟が欠かせないのである。

こうして、一つずつ丹精込めてつくられたマスクメロンだが、なかには値段のわりに味はイマイチ……というものもある。そこで、マスクメロンを買うときは、皮の表面に刻まれたネット（シワ）を注意深く観察したい。おいしいメロンは、ネットの目が細かく、1本1本が高く盛り上がっている。大枚はたいて味に満足できないメロンに当たらないよう、覚えておきたい。

サクランボ
つい最近まで関西人が〝生〟の味を知らなかった理由

いきなりだが、1980年以前に生まれた関西出身者で、子どものころに〝生〟のサクランボをたらふく食べた経験のある人はいるだろうか。

「うちは、子どものころから、おやつにしょっちゅうサクランボが出てたなァ」という人は、サクランボ農家を親戚に持つ人に限られるだろう。

というのは、関西で生のサクランボが食べられるようになったのは、意外に新しいことだからである。サクランボの産地といえば、「佐藤錦」で有名な山形県だが、まだ流通が未発達だったころは、サクランボの出荷先は県内、もしくは近県、遠くても東京止まりだった。サクランボは、傷みが早いため、はるばる関西圏まで出荷されることは、ほとんどなかったのである。

また、以前は生食用の品種が少なく、缶詰品が主流だった。関西人に限らず、サクランボといえば赤いシロップ漬けだったというイメージを持つ人が多いのは、生食用のサクランボ生産が少なかったためである。

ところが、1980年代に入ると生のサクランボの生産が急増し、全国に流通するようになった。なぜだろうか？

その理由は、〝ライバル〟の出現である。アメリカ産の輸入自由化によって、アメリカンチェリーが店頭に並ぶようになったのだ。そして、それまでのほほんと缶詰用のサクランボを作ってきた農家も危機感を感じ、アメリカンチェリーに対抗すべく、生食用の佐藤錦に切り替えたのである。

それと同時に、低温輸送の技術研究が進み、短時間で長距離輸送を可能とする高速道路も整備された。それでようやく、関西への本格的な出荷が可能になったというわけだ。

そうして、今では、全国どこででも食べられるようになったサクランボではあるが、日本産のサクランボは値段が高い。

まして佐藤錦ともなれば、おいそれとは口にできない高級品。佐藤錦に限っていえば、１９８０年代以前に生まれた人でも、それ以降に生まれた人でも、たらふく食べた子どもはあまりいないだろう。

赤玉卵

赤玉が人気でも、なかなか流通量が増えない理由

スーパーなどの店頭に並ぶ卵には、殻が白いものと赤いものと、二つのタイプがあるが、そもそも殻の色の違いはなぜ生まれるのだろうか？

答えは簡単で、親鳥の品種が違うから。

日本で、主に流通している白玉を産むのは、イタリアはリヴォルノ市（英語名レグホーン）を原産とする「白色レグホーン」という品種。

一方、赤玉は、褐色の羽毛の「ロードアイランドレッド」をはじめとする赤玉鶏が産む卵だ。世界的に主流なのは、じつはこちらの品種で、ヨーロッパでは卵とい

えば赤玉とされるくらい一般的である。

殻の色が違う理由はわかったが、もっと気になるのは、白玉と赤玉の値段の違いである。知ってのとおり、両者を比べると、値段は赤玉のほうが少々お高い。では、そのぶん栄養価も高いといえるのだろうか？

答えは、ノー。赤玉と白玉では、栄養価はもちろん、味においても違いはないのだ。では、なぜ値段が違うのかというと、それには鶏の産卵率が関係している。

白玉を産む白色レグホーンは、鶏のなかでも、産卵率が抜群にすぐれた品種で、年間200個もの卵を産むことができる。ただ、ガリガリに痩せていて、食用には向かない品種だ。

一方、ロードアイランド系の赤玉鶏は、産卵率がやや低いことと、体重が重いことが特徴。肉用にもなるが、飼料をたくさん食べるため生産コストがかかる。これが、白玉より赤玉のほうが値段が高い、そもそもの原因である。

ただし、値段が高いと売り上げが落ちるため、近年は、赤玉鶏にも、レグホーンの特長を組み込むような品種改良が行われている。

その結果、赤玉鶏の産卵率は上昇、両者の価格差は以前よりは小さくなってきている。

米

古米をマズくしている意外な原因

秋も深まると、その秋収穫されたばかりの新米が出回る。行きつけの定食屋やお弁当店に「新米入荷」という張り紙が出ると、なんだか得をした気分になるものだ。それだけ、新米に胸が踊る背景には、「古米は味が落ちる」というイメージがあるからだろう。たしかに、収穫後、貯蔵され、翌年の梅雨を越した古米は、めっきり味が落ちてくる。

その原因の一つは、日本の地価の高さにある。

そもそも、米は保存性の高い穀物で、籾《もみ》つきのまま保存しておけば、古米、古々米となっても、それほど味は落ちない。

じっさい、籾つき状態で貯蔵すると、かなりの年数が経っても米は発芽する。つまり、米が生きているのである。

ところが、現在の日本では、籾つきでの貯蔵はほとんど行われていない。たいてい、籾がらを取り除き玄米にして貯蔵される。

これは、籾つきで貯蔵すると、玄米の倍近い容積になり、それだけたくさんの倉庫が必要になるからである。むろん、多くの倉庫が必要になれば、地価の高い日本では貯蔵費用がかさむことになる。

ところが、玄米にしてから貯蔵すると、胚芽に傷がつきやすいし、害虫もつきやすくなる。そのため燻蒸《くんじょう》処理が必要になる。この処理を行うことによって、米の味が落ちてしまうのである。

戦前は、米は蔵に籾つきのまま貯蔵され、少しずつ玄米にして市場へ出荷されたものだった。現在は、味が落ちた古米に香りの高い品種を混ぜるなどして、市場に出荷されている。

ワカメ
養殖ものが食卓に並ぶまで

日本人とワカメは、切っても切れない仲といえる。そのつき合いは米以上に古く、日本人は有史以前からワカメを食べてきた。ワカメは、長きにわたって、日本人の健康を支えてきてくれた食材といってもいい。

ワカメの栄養価は驚くほど高いのだ。

牛肉と比べて、カルシウムは200倍、ビタミンAは40倍も含み、高血圧や成人病に有効なばかりか、美容食としてもきわめて優秀。ワカメをたくさん食べる地域の人たちは、元気で長生きといわれるくらいだ。

それほどヘルシーなワカメだが、現在ではほぼすべてが養殖ものとなっている。海岸に打ち上げられるワカメを拾っているだけでは、とても日本中にワカメの味噌汁を供給できない。1950年代に開発された養殖法が、日本の食卓を支えてきた。

とはいえ、ワカメの養殖といわれても、どうするのか、なかなかイメージできないのではないだろうか。むろん、魚の養殖とはまるっきり違った方法である。

ワカメの養殖に必要なものは、ウキとオモリをつけたロープだけ。そのロープに、ワカメの胞子をつけた糸を巻きつける。そして、そのロープを海に浮かべておくだけで、胞子から若芽が出て成長していく。やがて、ロープごと船に引き上げれば、生長したワカメを収穫できるというわけである。

激しい潮流と荒波にもまれるほど、新陳代謝が盛んになり、厚くて身のしまったワカメになる。そのため、岩手県と宮城県の三陸海岸沖、徳島県の鳴門や関門海峡など、日本有数の激流地帯が名産地となっている。

サンマ
なぜ昔より塩辛くなったのか

「さんま、さんま　さんま苦いか、しょっぱいか」というのは詩人佐藤春夫の詩の一節。

このフレーズを人々が口にするのは、ひと塩して焼くサンマの身が塩辛く、ハラワタが苦かったからである。

ところが、最近のサンマは、ひと塩する前から、すでに塩辛いと指摘されている。その塩辛いサンマを塩焼きにするのだから、近ごろの焼きサンマはしょっぱすぎるという人が少なくない。

サンマがしょっぱくなった原因は、その流通過程に求められる。まず、サンマ漁船は、網にかかったサンマを海水と氷とともに魚倉に入れる。陸揚げ後の加工工場の魚倉タンクでも、サンマは海水と同じ濃さの塩水に入れられている。さらに、出荷の際にも、氷とともに塩が振り込まれる。

サンマの流通過程でこれほど塩が使われるのは、サンマの鮮度を保つためである。

サンマは塩水に浸けていないと、青みのある皮が白っぽく変色して、見た目が悪くなってしまうのだ。

そして、流通過程で塩がたっぷりしみ込んだサンマを、家庭ではさらに塩を振って塩焼きにしている。だから、最近の焼きサンマは過度に塩辛くなってしまうのである。

京野菜
全国でつくられていても〝京野菜〟のワケ

九条ねぎ、聖護院《しょうごいん》だいこん、賀茂なす、金時《きんとき》にんじんなど、薄味で繊細な京料理に欠かせない「京野菜」。

以前は、京都以外の土地では、割烹料理店など一部でしか食べられなかったが、有機野菜・地方野菜ブームの影響で、最近では全国のデパートの地下食料品売り場でもお目にかかれるようになった。

さて、この京野菜、「京都でしか栽培されていない」と思っている人もいるかもしれない。しかし、これはまったくの誤解。全国で栽培されているのだ。

「門外不出」のはずの京野菜が、全国でつくられるようになった理由は、京都の大手種苗会社が、伝統的な京野菜と現代の野菜とを交配させた改良種を開発したからである。

以前より色も鮮やかになるなど、京野菜の欠点が克服され、収穫量も増えた。その改良種が全国に出回って、各地で〝京野菜〟がつくられるようになったわけだ。

というと、「純粋な京野菜は絶滅しちゃったの？」と心配する人もいるかもしれないが、その点は心配無用。改良種ではなく、〝純粋種〟のほうは、現在も「門外不出」。伝統的な栽培方法も企業秘密としてちゃんと守られている。

しかし、京野菜が一時衰亡の危機にあったことは事実。１９７０年代後半のことだが、外国産の野菜は栽培が簡単だともてはやされたことから、栽培農家が激減したのである。

そこで、京野菜の伝統を守るために、京都府がハウス栽培に対し補助金を出すなど、行政と生産者、流通業者が一丸となって、京野菜の栽培を支えてきたという経緯がある。

ちなみに、京都産で品質を満たしているブランド産品には、丸い〝京マーク〟がペタリと貼られている。「京都産の京野菜」にこだわる人は参考にしてほしい。

山菜

「近ごろの山菜は、山でとれない」のウワサは本当？

ここ30年ほどの間に、キュウリやトマト、ニンジンなど、ふだん口にする野菜の味は、ずいぶん変わってきている。現代人好みに品種改良され、クセや苦味が少なくなっているのだ。

同じように、「最近、山菜の味が変わったような気がする」「あまりおいしくない」と感じている人もいるだろう。そんな人はおそらく年輩者……いや、なかなか敏感な舌の持ち主といえるだろう。

というのも、近ごろの山菜は山でとれたものではなく、ハウス栽培されたものが増えているからだ。考えてみれば、十年余り前まで、たらの芽やふきのとうといえば、店頭に並ぶ数も少なく、高価なものだった。それが、現在のように流通量が増え、値段も50グラム、２００〜３００円程度で売られるようになったのは、天然ものではなく〝養殖もの〟が出回るようになったからである。

ハウス栽培の山菜は、温度調節された苗床に穂木（接ぎ木につぐ芽のこと）を植え、およそ40日ほどで収穫することができる。ハウスものの山菜は、えぐみが少なくあっさりした味に仕上がるが、それは、山でとれるものよりも短期間で成長することが原因だという。

野菜工場
そもそも工場でどうやって野菜をつくっている？

最近は、畑やビニールハウスで栽培された野菜だけでなく、工場で大量生産された野菜が市場に出回っている。外界から完全に遮断された室内で、レタスやサラダ菜が栽培されているのだ。

といっても、室内が真っ暗というわけではない。野菜の生育に必要な波長の光を出すナトリウムランプが、まぶしいぐらいにあたりを照らし出している。

温度はつねに20度前後に保たれ、光合成に必要な二酸化炭素の濃度も一定に保たれている。そして、これらいっさいの環境条件の管理は、事務室に置かれた1台のパソコンで行われている。

「そんな工場生産の野菜で、栄養は大丈夫なの？」と思う人もいるだろうが、露地ものと比べても、栄養価はほとんど変わらないという。

野菜の工場生産が進んでいるのは、むろんさまざまなメリットがあるからだ。収穫までの時間が露地ものに比べて短いうえに、単位面積あたりの収穫量は多い。天候にも左右されないため、品質、収穫量は安定している。

植物工場は少しずつ全国に広がっており、やがて野菜づくりは、太陽と自然の中ではなく、ハイテク工場での生産が主流になるかもしれない。

リンゴ
「寒い地域でしかつくれない」のウソ

リンゴの産地は寒い地方というのが日本の常識である。じっさい、日本では、青森や岩手、長野県がリンゴの主産地として知られている。

ところが、熱帯の国でも、たまに市場でリンゴが売られている。「あれっ!? 輸入品かな?」と思う人もいるだろうが、じつは東南アジアなどの熱帯でも、リンゴを収穫できるのだ。

といっても、リンゴが実をつけるには、7度以下の寒い期間が2か月ほど必要になる。

リンゴの芽は秋から休眠期に入り、その後2か月間は寒い時期が続かないと、休眠状態から目覚めないのである。

ところが、常夏のはずの熱帯地方にも、この条件を満たす場所があるのだ。標高1000メートル以上の高原である。

たとえば、マレーシアのキャメロンハイランド、ミャンマーのメイミョーなどの高地では、古くからリンゴが栽培されている。とくに、インドネシアのジャワ島東部の高原には、200万本ものリンゴの木があって、毎年大量のリンゴが収穫されている。

カリフラワー
ブロッコリーに惨敗した裏事情

「最近、ブロッコリーを食べたのはいつですか?」と聞かれれば、多くの人が「1か月以内には食べた」と答えるのではなかろうか。

では、「最近、カリフラワーを食べたのはいつ?」と聞かれると、どうだろうか。

「いつ食べたか記憶にない」という人も少なくないだろう。

ブロッコリーとカリフラワーは、どちらも地中海の原産で、キャベツの仲間。花のつぼみを食べるところも、共通している。

ところが、「人気の高いのはどっち?」といえば、圧倒的にブロッコリーが優勢である。30年近く前は、カリフラワーのほうがポピュラーだったが、いまやその形勢は180度逆転してしまった。

年間の出回り量を見ても、ブロッコリーはカリフラワーの5倍にものぼっている。そのため、需要に供給が追いつかず、ブロッコリーの値段は年々高くなっていくのに対し、カリフラワーのほうは1個100円以下で特売されていることも珍しくない。

カリフラワーがブロッコリーに惨敗を喫したのは、その「色」が原因だとみられている。

1980年代からの健康ブームで、「緑黄色野菜を食べましょう」と、盛んにいわれるようになった。そういわれるたびに、白いカリフラワーが敬遠され、緑色のブロッコリーが売上げを伸ばしていったのである。

カリフラワーは、白い野菜であっても、ビタミンCはオレンジ以上、カリウムも豊富に含んでいる。

だが、消費者の健康志向の前に、白色のカリフラワーは、白旗を挙げざるをえなかったのだ。

お茶①
なぜ、わざわざ傾斜地に植えるのか

毎年5月になると、唱歌『茶つみ』の歌とともにテレビで茶摘みの風景が紹介される。

農家の人がせっせと茶摘みをする姿は、初夏の風情たっぷりだが、画面が切り替わって、カメラを引きで写した映像を見るとびっくりさせられることがある。「え、あんなところに？」と驚くような山の急斜面に、お茶の段々畑が広がっているからだ。

いわれてみれば、日本に限らず、インドやスリランカ、中国などの茶の名産地といわれるところのほとんどは山間地である。

なぜ、わざわざ山の傾斜地に茶の木を植えるのか？　と疑問に思うかもしれないが、その理由はいうまでもない。そうした傾斜地が良質のお茶をつくるのに適しているからである。

傾斜地が、お茶の栽培に適している理由は、大きく分けて二つある。

一つは、水はけの問題。お茶の木は、排水が悪い場所ではうまく育たない。その点、傾斜地なら自然に排水されて、余分な水がたまることはない。

もう一つは、日中と朝晩の温度差が大きく、日当たりが良いこと。お茶は、味とともに香りも重要視されるが、香りのいいお茶をつくるには、日温格差と呼ばれる温度差が大きいことが重要になる。

その意味で、山間地の斜面を利用した茶畑なら、朝晩の冷え込みが強く、日中は気温は上がるため、日温格差が大きくなる。また、傾斜地はさえぎるものがないので、日当たりはいい。日光をたっぷり浴びたお茶の葉が、すくすくと育つのである。

しかし、最近は農業技術の発達により、平地での茶畑が増えてきている。傾斜地で育てると、平地に比べて日々の仕事はきつくなるし、採算性にも乏しいのがその理由。

段々畑で茶摘みをする姿は、長らく夏の風物詩的な存在であったが、その光景も数十年後には消えているかもしれない。

お茶②
茶畑に扇風機があるワケ

前項でも述べたように、お茶の栽培には、山間地が適している。静岡や狭山《さやま》もそうだが、中国やインド、スリランカなど、世界のお茶の名産地もやはり山間地にある。

ところが、山間地では、新茶の時期に、茶葉の天敵である霜が降りやすい。現実に静岡では、茶葉に霜がついて、一番茶が全滅してしまったこともあった。

この霜害から茶葉を守るために開発されたのが、茶畑に立つ「大型扇風機」である。東海道新幹線の車窓からも、静岡の茶畑に設置された扇風機が見えるが、地元では「防霜ファン」と呼ばれている。

早朝に空気が冷えると、比重が重くなって、茶畑の低いところに降りてくる。これが、茶葉や茶畑の畝《うね》に水分を結晶させて霜を結ぶ。

そのため、防霜ファンは、霜の降りそうな低温になると、センサーが働いて羽根が回り出す仕組みになっている。冷たい空気をかき混ぜて、それ以上温度が下がらないようにしているのである。

昔は、茶畑に煙を出して温めたり、朝方に水をまいて霜を防いでいた。それだけ手間をかけても霜害はなくならなかったのだが、防霜ファンを使うようになってからは、霜害はほぼ消えたという。

茶畑に似つかわしくない大型扇風機は、実はなかなかの優れものなのである。

農薬　そもそもなぜ必要なのか

最近は、デパ地下にもスーパーにも、低農薬野菜コーナーが設けられている。モノが売れにくい時代にあって、低農薬食品の売上げは堅調に伸び続けてきた。

低農薬食品が注目されるようになったのは、「農薬は危ない」という認識が消費者に高まったからにほかならない。むろん、農家は、農薬が危険であることなど、もとより承知のはず。それでは、どうして危険性のある農薬を使うのだろうか。

その理由は大きく三つある。

一つは、経済効率の問題だ。たとえば、除草剤がなかった時代、農家では一家総出で雑草をむしりとっていた。草の生い茂る夏ともなれば、朝から晩まで草むしりをしていたのである。それが、除草剤の登場で一変した。除草剤を2、3回散布するだけで、面倒な除草作業が必要なくなったのだ。人手不足に悩む農家にとって、除草剤は必要不可欠のものになっている。

二つめは、農作物の〝体質〟が変化してきたことである。より消費者に好まれる商品をつくるため、品種改良が繰り返されてきたのだが、それによって農作物はひ弱になってきている。たとえば、ブランド米のコシヒカリはその代表格で、非常においしいが病害虫には弱い。そこで、殺虫剤などの農薬の助けが欠かせなくなり、ますます農薬に依存せざるをえなくなったのだ。

三つめは、病害虫が強くなったこと。農作物がひ弱になるのとは反対に、雑草や害虫、病原菌は、農薬に対する免疫をつけ、年々強くなっている。そこで、さらに強い農薬を開発して対抗しなければならないという悪循環に陥ることになった。

以上が、農家が農薬を使う理由だが、これらの問題は、農家だけで解決できるテーマではない。品種改良にしても、消費者がそういう商品を求めているからこそ、農家もつくるわけなので、農家だけを責めることはできない。

農薬の問題は、単に食品が安全かどうかというレベルに留まるテーマではない。人々の生き方、国のあり方にもかかわる根源的な問題ともいえる。

4
身近な食の気になる大疑問

冬キャベツ

サラダにもうひとつ向いていない理由

日本人はキャベツ好きの国民で、キャベツの生産高では世界第6位の座を占める。キャベツは、季節によって出回る種が分かれ、まず冬キャベツは11月から翌年の3月ごろにかけて出回り、4～6月は春キャベツの季節になる。その後、7月から10月には、高原キャベツとも呼ばれる夏秋キャベツが出回る。

それらのキャベツは、調理法に関して向き不向きがある。たとえば、冬キャベツは煮込み料理に向いている一方、サラダには不向き。トンカツや焼き肉のつけあわせ野菜としてもいま一つだ。サラダや生食には、春キャベツを使ったほうがおいしくいただける。

冬キャベツがサラダや生食に向かないのは、肉厚だから。煮込めば食べ応えのある食感に仕上がるが、生のままでは固くてフレッシュ感に乏しい。一方、春キャベツはやわらかいうえに水分をたっぷり含んでいるので、サラダにすれば、みずみずしくシャキシャキ感を味わえるし、トンカツなどの付け合わせにすれば、肉汁やソースをからめとってくれる。

というわけで、サラダや生食には不向きの冬キャベツだが、煮込み、炒め物、漬物と用途は幅広く、生産量はもっとも多い。その選び方は、肉厚という特性に応じて、ズシリと重いものを選ぶこと。重く感じるキャベツほど、中身がしっかり詰まっている。一方、春キャベツは、やわらかさが特徴のため、やや軽めのものを選びたい。

ソース
独特の味をつくり出す原材料の謎

焼きソバ、トンカツ、お好み焼きなどに欠かせないソース。いまでは、日本の食卓に欠かせない調味料になっているが、もともとは英国生まれ。1850年代、イギリスのウースターシャー州のウースターでつくられたのがルーツである。日本でいう「ウスターソース」は、この地名からつけられた名前である。

ウスターソースが日本にわたってきたのは明治の文明開化期で、現在のものとはかなり味が違って、相当しょっぱかったようだ。それが、洋食の普及にともなって日本人好みの味にアレンジされ、現在のマイルドな風味になった。

現在、ウスターソースをはじめとするソースは、ＪＡＳ規格によって、普通の「ウスターソース」、とろみのついた「中濃ソース」、濃厚な「濃厚ソース」の三種類に分類されている。お好み焼きなどに使うトンカツソースは「濃厚ソース」のカテゴリーに入る。

ところで、ふだんなにげなく使っているソースだが、いったいどんな原材料からできているのだろうか。

ウスターソースは、タマネギ、ニンジン、トマト、リンゴ、セロリなどを煮て、熟成させた液体に、コショウ、トウガラシ、ニンニクなどの香辛料、砂糖、塩、酢を加えてカラメルで着色し、１か月ほど熟成させてつくられている。

中濃や濃厚ソースとの製法の違いは、まず野菜の絞り方にある。ウスターソースは、野菜を絞ったジュース状のものを使うが、中濃や濃厚ソースは、野菜をミキサーにかけてピューレ状にしたものを使う。このため、濃度と粘り気が違ってくるのだ。

また、ウスターソースは酸味が強くスパイシーなのに対し、濃厚ソースは甘みが強いなど、それぞれ味の特徴も違う。これは、香辛料や調味料の使い方が違うためだ。

ちなみに、国産ソース第一号は、1885年にヤマサ醤油が発売した「ミカドソース」。といっても、このソースのベースになったのは、しょうゆだった。しょうゆに酢や唐辛子などをブレンドした、相当スパイシーな味だったようである。

辛子明太子
なぜ、北の魚が九州の名物になった？

福岡名産の辛子明太子は、そもそもスケトウダラの卵。

北の魚であるスケトウダラが、どうして九州の名物になるのかと疑問に思う人もいるだろう。じつは、辛子明太子は韓国生まれ。戦後、韓国から引き上げてきた人たちによって、福岡名物に育てられた。

「明太」は、韓国ではスケトウダラのこと。韓国では「ミョンテ」と呼ばれるが、これがなまってメンタイになり、タラコは明太の子ということで「明太子」と呼ばれるようになった。辛子明太子は、このスケトウダラの卵を唐辛子と昆布やかつおぶしなどからとった調味液につけてつくられる。

主原料となるスケトウダラの卵は、北海道産が最上とされ、北海道から福岡へ運ばれて辛子明太子に加工されている。しかし、近年は、北海道でスケトウダラの漁獲量が減っているため、アメリカやカナダからも輸入されるようになっている。輸入もののなかでは、粒のそろったアラスカ産が上質とされている。

ちなみに、韓国で「明太」と呼ばれるようになった由来として、こんなエピソードが伝わっている。17世紀の中ごろ、韓国の明川を巡視していたお役人が、スケトウダラの料理を食べて大満足。そのサカナの名前を聞いたが、だれもわからなかった。「太」という漁師が獲った魚としかわからなかったので、〝明川で太が獲った魚〟という意味で「明太」と名づけられたとか。

そば粉
色の違いは何の違い？

そば屋によって、白っぽいそばを出す店もあれば、黒っぽいそばを出す店もある。また、スーパーなどで売られている乾麵も、メーカーによって微妙な色の違いがあるものだが、白と黒、そば粉の割合はどちらのほうが多いのだろうか。

という質問に、「雰囲気からいって黒っぽいそば！」と答える人もいそうだが、じつは、そばの色とそば粉の割合はまったくの無関係。そばの色の違いは、粉の種類の違いによるものだ。

そば粉の種類は、色の濃淡によって大きく三つに分けられる。一つは、石うすで挽いたとき、まっさきに取れる「一番粉」で、これはそばの実の中心部分から取れる真っ白い粉。もう一つは、一番粉が取れたあと、その周りから取れるやや黒みがかった「二番粉」。さらに、そばの実の一番外側から取れるのが黒っぽい「三番粉」だ。

石うすで挽いたとき、なぜ中心の「一番粉」から出てくるのかというと、そばの実は中心がいちばんもろく、崩れやすいからである。そのため、圧力をかけると、中心部から粉になって出てくるのだ。

では、そば粉の種類によって、味のほうはどう変わってくるのだろうか。

まず、一番粉の白い粉だけで打ったそばは、「更科《さらしな》そば」と総称される。味や香りは弱いが、のどごしがなめらかなのが特徴。

一方、黒っぽい二番粉、三番粉で打ったそばは、通称「田舎そば」などと呼ばれ、香りが強い。また、そばの皮が含まれているため、ザラザラしているのが特徴だ。

そば専門店では、これら3種類の粉の割合を独自にブレンドし、食感や香りを調節しているというわけである。

なお、そばの製粉は普通は三番粉までだが、さらに四番粉（末粉）まで取る場合もある。四番粉は甘皮や胚芽を多く含み、おもに乾麺用として利用されている。

トマト

なぜ「桃太郎」ばかりになったのか？

トマトと聞いて、どんなことをイメージするだろうか？

真っ赤に熟した大きなトマトに、丸ごとかぶりつくのが好きという人もいれば、まだ青さの残った小ぶりのトマトが好きという人もいるだろう。

といえば、最近のトマトに、どこかものたりなさを感じている人もいるのではなかろうか。

現在のトマト市場では、「桃太郎」、あるいはそれに近い品種が市場のガリバーと化しており、他系統のトマトはどんどん姿を消している。

その一番の理由は、生産地と消費地との距離が長くなったことにある。そもそもトマトは、その日の朝、畑で摘んだものを食べるのがもっともおいしい。ところが、生産地と消費地が遠く離れるようになって、熟す前の青い段階で収穫されるようになった。

そして、輸送段階で赤くなったトマトが、八百屋やスーパーの店頭に並ぶようになったのである。

しかし、完熟する前に収穫されたトマトは味が落ちる。そこで、赤くなってから収穫し、その後長距離輸送しても大丈夫という品種はできないか？　というコンセプトで開発されたのが、「桃太郎」なのである。

「桃太郎」は、実が熟れてから柔らかくなるまでに時間がかかる。そのため、赤くなってから収穫しても、長い輸送に耐えられる。そして、味も水準を越えており、市場を席巻することになったのだ。

インスタントコーヒー
どうやってつくっているのか

現代人の生活に欠かせないインスタントコーヒー。このインスタントコーヒー、飲むのは簡単だが、製造には意外に手間がかかっている。コーヒーの香りを損なうことなく、コーヒー液を乾燥させるのは、技術的に非常に難しい作業なのだ。

コーヒー液を乾燥させる方法はいくつかあり、もっとも古典的なのは「スプレードライ製法」。

これは、コーヒー液を霧状にして熱風の中をくぐらせるというもの。技術的には簡単なのだが、コーヒーの香りが逃げてしまうという難点がある。

そこで開発されたのが「フリーズドライ製法」である。コーヒー液をマイナス40度で凍結させ、真空装置に入れて粉末や固形にする方法だ。この製法だと香り成分の損失が少なくなる。コーヒー液を急速冷凍させると、コーヒー成分分子と香り成分分子の結びつきが強くなるためだ。

最近では、「フリーズアロマキープ製法」という新技術も登場している。これは、フリーズドライ製法を進化させたもので、より香りが高く、よりレギュラーに近い味わいのインスタントコーヒーをつくることができる。

ちなみに、インスタントコーヒーの発明者は日本人である。アメリカ・シカゴに住む加藤サトリという男性が、1899年、〝溶けるコーヒー〟として博覧会に出品したのが第一号だとみられている。

ビール

原料のホップとはどんなもの？

居酒屋では「とりあえずビール」が決まり文句である。「とりあえず日本酒」という人は、あまりいない。仕事に疲れた体がとりあえずビールを欲するのは、そのさわやかな喉ごし、香り、苦味が疲れを癒すからだろう。

ビールが麦からつくられるのはご承知のとおりだが、麦だけではあの独特の香りと苦味は出ない。ビールに独特の香りと苦味を与えるのは「ホップ」の役割だ。

日本人の場合、ホップという名前は聞いたことがあっても、現物を見たことがある人は少ないだろう。ホップとは、いったいどのようなものなのだろうか？

ホップは、もとはヨーロッパやアジア大陸に自生していたクワ科に属する多年生の蔓性植物。蔓を伸ばしながら成長し、茎と卵形をした葉っぱにトゲがあるのが特徴だ。その昔は、健胃剤としても使われていた。

ホップの花は雄雌に分かれていて、夏になると黄緑色の花を咲かせる。花の季節が終わると、楕円形をした松ぼっくりの形に似た実をつける。

といっても、ビールに使われるのは、実ではなく花のほうである。受精していない雌花を乾燥させたものを、ろ過した麦の汁に加えるのだ。

ビールに香りと苦味をつけるには、さぞかし大量のホップがいるだろうと思われるが、じつはそうでもない。大瓶1本につき、ホップは1グラム程度しか使われない。たったの1グラムで、ホップはビールの味を決定づけるというわけだ。

カツオのたたき
本当にたたいてつくるの？

アジのたたきやイワシのたたきは、身を細かく切って庖丁の側面でたたく。料理屋や寿司屋で出されるアジのたたきを見ると、たしかにたたかれた痕跡がある。

ところが、カツオのたたきには、つぶさに観察しても、庖丁でたたかれた様子はない。同じ「たたき」という料理でも、カツオはたたかないのだろうか。

といえば、高知出身者から「ちょっと待ったぁ」の声がかかりそうだ。本場土佐の「カツオのたたき」は、カツオをたたいているからである。

同じ高知県内でも、地方によってつくり方は微妙に異なるが、基本的には、まずカツオを火であぶってから氷水で冷やす。それから水気を拭き取ってニンニクをこすりつけ、タレをかけてあさつきなどをまぶす。その後、タレがよく染み込むように、庖丁の側面でたたいて仕上げる。

ところが、この料理が各地へ伝わるにつれ、「庖丁でたたく」という作業が省略された。やがて、ニンニクをすり込むことも略され、今では単に火であぶったカツオを冷やした料理として知られるようになった。

そのため、「カツオのたたき」と呼ばれながら、多くの地方で、実際にはたたかれずに客の前に出されている。

なお、カツオを焼くことには、表面の雑菌を殺すとともに、皮の脂を身に含ませるという意味もあれば、カツオのうま味を閉じ込め、生臭さを消すという効果もある。

梅干し

どんどん甘くなっている不思議

その昔、梅干しは味噌同様、ほとんどが自家製だった。「手前味噌」は、自分の家でつくった味噌が一番おいしいということに由来する言葉だが、最近では、味噌も梅干しも、スーパーで買ってくる商品となっている。

ところが、その市販の梅干しに対する評価の中には、相当厳しい声もある。お菓子のように甘くなって、梅干し本来の持ち味である強い酸味を失ったという人が中高年世代には多く見受けられるのだ。

現在、市販されている梅干しは二つのタイプに分けられる。「梅干し」と「調味梅干し」である。

梅干しは単純に梅漬けを干したもの。それに対して、調味梅干しは、梅干しに糖類、食酢、梅酢、香辛料などを加えたものである。

そのうち、評判が芳しくないのは、近年、増えてきた調味梅干しのほうである。調味梅干しは、手づくりの梅干しに比べると、酸味も塩分もかなり少ない反面、手づくり梅干しの30倍近くの糖分を含んでいる。

そのため、手づくり梅干しの酸っぱさを知る世代には、調味梅干しには見向きもしない人がいる。そのいっぽうで、梅干し本来の味を知らないで育った若い世代は、すでに調味梅干しの甘い味に慣れ親しんでいる。こうして梅干しの世界でも、本来の味が忘れられ、あとからつくられた味が当たり前のものになりはじめている。

納豆
何時間くらい発酵させている?

納豆は、日本が世界に誇るユニークな発酵食品。独特のうま味・食感もさることながら、低カロリーで栄養価が高く、血栓症や骨粗鬆症の予防効果があるなど、栄養・健康面でも優れものである。

では、納豆ならではのうま味と、あのネバネバはどんなふうに引き出されているのだろうか。納豆の製造工程を追いかけてみよう。

納豆の製造には、大きく「蒸煮」「発酵」「熟成」の三つの工程がある。

最初の「蒸煮」の工程では、柔らかく蒸しあがるように、あらかじめ水に浸けておいた大豆を大きな蒸煮釜で蒸し上げる。最適な状態に蒸し上げるためのポイントは、まず125度程度の高温で煮詰め、その後、余熱で蒸らすことだ。

こうして大豆がふっくら蒸しあがると、熱いうちに、納豆菌の胞子をスプレーする。納豆菌は、ほとんどの雑菌が死滅する摂氏100度の環境でも、生き続けることができるほど強い菌なのだ。

納豆菌のスプレー後、おなじみの白い容器に盛り込まれ、パック詰め作業がすむと、次はいよいよ、納豆作りでもっとも重要な「発酵」の工程に入る。

納豆の発酵は、納豆菌の繁殖に理想的な、室温36〜40度、湿度95%に管理された醗酵室で行われる。発酵時間は16〜20時間。温度が高すぎても低すぎても、納豆特有の味や香りが生きてこないので、室温はコンピュータで厳重に管理している。

だが、納豆の製造は、発酵して終わりではない。発酵を終えた豆は、続いて冷蔵室に移され、丸一日かけて今度は「熟成」される。この工程で、豆の温度を5度くらいに下げ、うまみ成分を時間をかけてゆっくり落ちつかせる。これで、ようやくおいしい納豆の完成だ。納豆作りには、まさに〝粘り〟が必要ということが、おわかりいただけただろうか。

ハチミツ
ハチミツが腐らないというのはどこまで本当？

人類が初めて口にした甘味類とみられるハチミツ。パンにつけたり、紅茶やレモネードに入れて食するのはもちろん、ビタミン、ミネラルが豊富であることを考えれば、健康食品として摂るのもいい。

しかも、このハチミツ、半永久的に腐らないとされている。ウソのようなこの話、はたして本当だろうか？

次のような実験が行われたことがある。

まず、糖度75％のハチミツと、水で薄めて糖度を20％に下げたハチミツを、ビーカーに用意する。次に、この二つのビーカーそれぞれに、細菌の代表として酵母菌を入れ、保温室に置く。

こうして待つこと12時間、二つのビーカーの中で、酵母菌がどれだけ増殖するか調べてみたところ、増殖具合にはっきりとした違いが現れた。

まず、水で薄めたハチミツのほうは、全体が泡立った。酵母菌が働いて、発酵が進んだためである。一方、ハチミツをそのまま入れたビーカーには、まったく変化が生じなかった。

さらに、顕微鏡を使って詳しく観察すると、75％のハチミツのほうでは、酵母菌が仮死状態になって、まったく動く気配がなかった。一方、水で薄めたハチミツでは、酵母菌の活発な動きが確認できた。

以上の実験結果からすると、どうやら「ハチミツは腐らない」という話は本当のようである。では、そもそもなぜ、ハチミツの中では、細菌が増殖できないのだろうか？

これは、ハチミツ特有の、あのとろりとした粘りと関係している。ハチミツの粘りというのは、ミツバチどうしが、ミツを巣の中で口移しで渡したり、羽であおいだりするうちに、水分が飛ばされた結果生じるもの。

加えて、ハチの巣の中は、1年中35度くらいのに保たれているため、巣に貯蔵されたミツからは、さらに水分が蒸発していく。こうして、ハチミツは、その中で細菌が動けなくなるほどに濃縮されるわけである。

ピーナッツ
大量の殻を誰がどうやってむいているか

おつまみの定番ピーナッツ。説明するまでもないだろうが、落花生のひょうたん型の殻と茶色い渋皮をむき、塩やバターで味つけをした加工豆のことだ。

では、落花生をピーナッツに加工する際、面倒な殻むきはどうしているのだろうか。

農家のおばさんたちが1粒ずつせっせとむいているのかというと、そんなわけはない。外側の殻から渋皮まで、皮むき作業はすべて機械化されている。

まず外側の殻をむくため、落花生の実は大皮脱皮機という機械に入れられる。中には、樫の木製の羽があって、この羽が回転し、ひょうたん型の殻を割っていく。割れた殻は羽の風圧で外に飛ばされ、渋皮がついた豆だけが残るという仕組みになっている。

次に渋皮をむく作業だが、豆を脱皮機に入れる前に、あらかじめ渋皮をはがしやすくしておく必要がある。

この下準備には、湯漬け法とロースターで炒る方法の二通りがあり、前者はお湯でふやかし、後者は乾燥させる。どちらかの方法で、渋皮をはがしやすい状態にしてから、脱皮機に入れるわけだ。湯漬け法の場合は、あとで乾燥機に入れるか、天日干しにして、豆をよく乾燥させる。

これで、落花生の皮むきは完了だが、製品になるまでにはまだまだ手間がかかる。豆を油で揚げ、その後余分な油を取りのぞくため、遠心分離機にかける。さらに、用途によって味つけをして冷却。これで、ようやく商品になる。

〝マメ〟に手間ヒマかけないと、ピーナッツはできあがらない。

赤みそと白みそ、そのつくり方の大違い

おふくろの味の代表格であるみそ汁も、インスタント食品として売られる時代になった。

とはいえ、みその味が画一化されたわけではない。産地や銘柄によって、いまでもさまざまな種類のみそが売られているし、赤みそと白みそでは、色も違えば風味も違う。

赤みそも白みそも、主原料は大豆、こうじ、食塩の3点セット。大豆にこうじ菌といわれるカビの一種を入れて、食塩をまぜて樽に詰め、一定期間熟成させるとみそができあがる。

では、同じ原料を使う赤みそ、白みその色の違いはどこで生じるのだろうか。

まず、一つは製法の違いがある。赤みそは大豆を蒸してつくるが、白みそは大豆をゆでてつくるのである。

大豆は蒸したときにはアミノ酸が残るが、ゆでるとアミノ酸はゆで汁に流れ出る。

アミノ酸は、熱を加えると、糖分と結びついて褐色に変わる性質を持っているため、アミノ酸が残っている蒸した豆からつくるみそは赤い色になる。

一方、ゆでた豆でつくるみそは、アミノ酸が流出しているため、白いみそになるというわけだ。

また、みその色は、大豆の量によっても左右される。大豆の量が多いほど色が濃くなり、米こうじや麦こうじが多いと白くなる。豆こうじを使った名古屋の赤みそが、ほとんど真っ黒に近いような色をしているのは、米こうじや麦こうじを使っていないためだ。

また、味の面では、赤みそは辛口みそ、白みそは甘口みそともいわれるが、これは塩分濃度の違いによるもの。赤みそは塩分が10〜13％と濃く、熟成には半年〜3年ほどかかるが、保存性は高い。

一方、白みその塩分濃度は5〜6％ほどで、熟成期間は短く、保存性が低いという違いがある。

ちなみに、東南アジアや中国にも、みそに似た食品がある。しかし、その多くはこうじ菌ではなく、クモノスカビという菌を使ったもの。つまり、みそは日本独自の食品なのである。

チクワ

いったいどんな魚からつくられている?

竹、木、金属などの串に、すり身を巻きつけ、あぶり焼きにするとできる、チクワ。煮物やおでんのほか、サラダの具としてもおなじみの食材だ。

では、このチクワ、いったいどんな魚からつくられているのだろうか?

チクワやカマボコといった練り物は、基本的にどんな魚からでもつくることができる。白さを強調したいカマボコの場合は、スケトウダラ、エソ類、グチ類といった白身魚を使うのが一般的。また、高級なものには、ハモ、キス、ヒラメなどの高級魚が使われる。地域によってはイワシやサバのような赤身魚も用いられる。

このほか、かつては、地元沿岸で獲れる多様な魚が利用されていて、それが練り物の地方色となっていた。

だが、1960年に冷凍すり身の技術が開発されてからは、残念なことに、こうした地方色は一気に薄れてしまった。多くの練り物製品の主原料が、スケトウダラの冷凍すり身になってしまったからである。

ちなみに、練り物を口にしたときの、あの弾力に富んだ食感は、「足」という言葉で表現される。たとえば、「白身魚は足が強く、赤身魚は足が弱い」といった具合だ。

魚を煮たり焼いたりしても弾力は得られないのに、チクワやカマボコに「足」の強さが出るのは魚肉に塩を加えるから。

塩を加えて魚肉をすりつぶすと、タンパク質中の糸状の分子が互いにからみ合い、熱を加えたとき、網目構造ができる。その構造の中に水分が閉じ込められ、あの独特の弾力が生まれるのである。

ウーロン茶
福建省が大産地になった意外な経緯

缶やペットボトル入りのウーロン茶が、さまざまなメーカーから発売されている。その微妙な味の違いにこだわる人は、お気に入りのメーカーが決まっているのだろうが、茶葉の原産地は、どのメーカーもほぼ同じである。

缶やペットボトルに記載された表示を見てもらえば、ほとんどが「中国福建省」

となっているはずである。

福建省は上海の南方にあって、海に面し、台湾と向かいあっている。同省がウーロン茶の原産地となったのは、ごく自然な理由からである。中国広しといえども、ウーロン茶用の良質の葉は、福建省でしか栽培できないのだ。

もともとウーロン茶用の茶葉は、気候が温暖な高地でしか栽培できない。もちろん、静岡や狭山産の茶葉を、ウーロン茶に加工できないことはないが、気候や環境を考えれば、福建省以上のものをつくることはできない。

ちなみに、緑茶もウーロン茶も紅茶も、同じく緑色の茶葉からつくられる。それぞれ製法の違いによって、発酵させないものが緑茶、半分発酵させたものがウーロン茶、完全に発酵させたものが紅茶と分かれる。

日本の茶葉は発酵させない緑茶に向いており、福建省の茶葉は半分発酵させるウーロン茶にもっとも適しているというわけである。

ただし、市販のウーロン茶には、原産地が「台湾」のものもある。読者の中にも、「台湾産のウーロン茶のほうが、色、香りとも上品で好きだ」という方がいるかもしれない。

ただし、その台湾産のウーロン茶も、19世紀に福建省から持ち込まれた優良種がルーツで、もとは同じ種である。台湾は福建省とほぼ同緯度にあり、温暖で高地が多い島。地理的条件、気象条件が福建省とよく似ているのである。

くさや
伊豆諸島が名産地になった理由

江戸時代から伝わる干物の珍味に「くさや」がある。

もし、窓でも開けてくさやを焼こうものなら、隣近所からの苦情を覚悟しなければならないほどの強烈なにおいを発する。だが、一度クセになると、病みつきになる味といわれる。

それほど個性豊かなくさやは、内臓を抜いたムロアジを３００年以上伝わる塩汁に漬けては干すという作業を繰り返してつくられる。

ところが、日本に港町は多いが、くさやをつくっているのは大島や三宅島、新島などの伊豆諸島だけ。なぜ、伊豆諸島だけでくさやがつくられるようになったのだろうか。その理由は、二つある。

一つは、冬の間、伊豆諸島近くの海は大荒れとなり、漁ができないこと。そのため、夏の間に獲った魚で、大量の干物をつくり置きしなければならなかった。

島の厳しい環境の中で、生き抜くために考え出された知恵の産物が、くさやなのだ。

もう一つの理由は、昔は塩が貴重品だったため、塩汁を繰り返し使ったことである。

ムロアジを塩水に漬けては干すという作業を繰り返す際、塩をふんだんに使用できれば、一度使った塩水を捨て、次は新しい塩水に漬けていたことだろう。

ところが、米の収穫量に恵まれなかった伊豆諸島の島々にとって、塩は、米と物々交換するための貴重品だった。

そのため、塩を自分たちで大量に使うことはできず、塩汁を大切に保存して、繰り返し利用してきたのである。

やがて、その塩汁が発酵して、くさや菌と呼ばれる菌が発生。その作用で、あの独特の風味をもつくさやができるようになった。

江戸時代から何百年も伝わってきた塩汁は、もうつくり直すことができない。そのため、三宅島や大島の三原山が噴火するたびに、くさや愛好家から、秘伝の塩汁がダメになってしまうのではないかと心配する声が上がっている。

ダイコン
青首ダイコンが市場を席巻した理由

大根役者という言葉の由来は、「ダイコンを食べてもまず当たらない（ヒットしない）」、または「すぐに（舞台を）おろされる」ことにあるといわれる。しかし、昔は、芝居が多少まずくても、独特の味わいをもつ俳優がいたものだ。だが、最近は、演技もそこそこ、顔もそこそこというステレオタイプな俳優が増え、個性豊かな大根役者は少なくなっている。同様に、野菜のダイコンも年々、無個性化してきている。

昔は、おろすと、辛味、苦みといった独特のクセをもつダイコンが市場に出回っていた。ところが、いまでは、家庭で食べられるダイコンは、クセがなくて甘味が強い青首ダイコンが主流である。

以前はそれほど人気のなかった青首ダイコンが、一気にシェアを拡大したのは、80年代のこと。父親の帰宅が遅くなり、母親と子どもたちだけで夕食をとる家庭の数がピークに達したころと一致している。

全国の食卓で、辛味、苦みというクセをもつダイコンに、子どもが顔をしかめる。母親は子どもでも食べやすい青首ダイコンを買い求める……。つまり、家庭の食卓が父親から子ども中心になって、より甘い青首ダイコンが、しだいに大きなシェアを獲得するようになったといえそうなのだ。

その一方で、食べ物の独特のクセや香りが敬遠される風潮の中、練馬ダイコンや三浦ダイコンは売れ行きを落としていった。

要するに、子供も含めたより多くの人々に好まれるダイコンが市場の主役となり、スーパーや八百屋に並ぶのは、青首ダイコンばかりとなってきたのである。

そこそこ二枚目だが、どこか似た雰囲気の役者ばかり増えた現在の俳優の世界に、どことなく似ている話かもしれない……。

メンマ
ラーメンに欠かせないメンマはどうやってつくられる？

メンマは、ラーメンには欠かせない脇役。メンマ抜きのラーメンというのは、どこかしら味気ないものである。

さて、おなじみのメンマだが、それがどうやってつくられるかは、案外知られていない。メンマとはいったい何者なのだろうか？

メンマはシナチクとも呼ばれ、これを漢字で書くと「支那竹」となる。中国大陸から入ってきたタケノコの仲間なので、この字が当てられた。

メンマの材料になるのは、中国産の麻竹という種類のタケノコ。

日本の孟宗竹の場合は、土から出るか出ないかという時期に掘り起こした若芽の部分をタケノコとして食用にするが、麻竹は土から50センチ、太さも直径15センチくらいにまで成長したものを使う。

とはいっても、やはり固い部分はおいしくないので捨ててしまい、上の部分だけを食べる。日本のタケノコと同様、若芽がもっとも高級とされている。

つくり方は、麻竹を細かく刻んだものを煮て、水切りしたあとで発酵させる。土の中に入れて約1か月ほど発酵させるのだが、このとき他の材料は入れない。

土の中の細菌による自然発酵だけで、タケノコの色はだんだんと薄茶に変わっていき、それとともに独特の風味が生まれてくる。

その発酵したタケノコを、塩漬けにするか、天日干しで乾燥させると、メンマのできあがりだ。日本には、塩漬けか乾燥状態で輸入され、各メーカーが味つけを加えて商品化している。

ちなみに、本家本元の中国では、メンマを炒めものに入れたり、豚肉と一緒に煮込むなど、家庭料理の食材として使っている。麺類のトッピングにメンマを使うのは、日本人だけである。

5
食をめぐる噂の意外な真相

成分表示

1箱分足すと、重量オーバーしてしまう理由

カロリーを気にしつつお菓子を食べている人は、パッケージに記載された「栄養成分表」が気になるはず。

成分表示表には、1袋当たりのカロリー量をはじめ、脂質や炭水化物、食物繊維などに関するデータまで、こと細かに記載されている。栄養面に関心のある人は、この辺までちゃんと目を通していることだろう。

だが、成分表示に記載された各成分の分量を、足してみたことがある、という人は、まずいないのではないか。

そこで、時間があったらぜひ一度、「タンパク質＋脂質＋炭水化物＋ナトリウム……」といった具合に、食品の各成分の分量を、上から順にすべて足してみてほしい。

すると、あら不思議、各成分の総量が、お菓子1箱分の内容量を上回ってしまうのだ。いったい、これはなぜだろうか？

もちろん、成分表の記載が間違っているわけでも、足し算が間違っているわけでもない。

あわてて、メーカーに問い合わせ電話をかけることのないよう、その理由を紹介しておこう。

話は単純で、記載されている栄養成分の中には、互いに重複しているものがあるだけのこと。

たとえば、内容量120グラムのお菓子のパッケージに、「タンパク質13・3g　脂質43・2g　炭水化物60・3g　食物繊維4・8g　オレイン酸21・2g」……と記載されているとする。

これら各成分の分量を単純に足すと、明らかに120グラムをオーバーする。というのも、オレイン酸が油の一種で、脂質の量の中にも、その分量が含まれているからだ。したがって、この場合は、オレイン酸の重複分を差し引くと、120グラムに近くなる。

同じように、1パック（150グラム）あたり、「炭水化物116・6g　キシリトール63・2g……」などと記載されたガムがあっても、おかしくはない。なぜなら、キシリトールは、天然の炭水化物だからだ。

キャビア

実はこんなにあるいろいろな魚の〝キャビア〟

ごく普通のレストランでランチの前菜にキャビアがついてきて、思わず「ラッキー！」と喜んだ人もいるかもしれないが、その味はいかがなものだっただろうか。

世界三大珍味に数えられるキャビアは、ご存じのようにチョウザメの卵を塩漬けにしたもの。舌ざわりはどこまでも柔らかく、とろけるような食感がするものだ。まさしく「ほっぺが落っこちちゃう」という味わいである。

しかし、意外な場所で出会ったキャビアは、膜がかたくプチッと卵を噛むような食感がしたのではなかろうか。それは、チョウザメ以外の魚の卵でつくられた〝キャビア〟が、大量に出回っているためである。

模造品には、タラやニシン、トビウオなどの卵が使われている。チョウザメのキャビアと同じように塩漬けにし、その後、調味液に浸けたり、着色されて市場に出回っている。

欧米などでは、それらの模造キャビアは本物とは厳密に区別され、たとえばサケの卵（イクラ）の塩蔵品は「レッドキャビア」として売られている。値段は本物のキャビアと二ケタは違う。

本物と模造品の見分け方は、まず色をよく見ること。模造品のキャビアは、着色されて黒光りしているが、本物のキャビアは、くすんだねずみ色をしている。

「キャビアってそれほどおいしくもない」と思っている人は、ほとんどの場合、模造品を食べて、それがキャビアの味と思い込んでいるはずである。

食中毒
身近なところに潜むその原因

食中毒が細菌によって起きることは常識だが、細菌は肉眼で見ることができないため、なかなか実感がわかないものだ。いったいわれわれの身の回りには、どれくらいの細菌がいるのだろうか。

保健所がある弁当店を調査したデータがあるので、それを紹介してみよう。従業員の手指、まな板、包丁を無菌ガーゼで拭き取り、そのガーゼについた細菌数を数えた調査だ。このテストでは、１００万個以上の細菌がついていた場合は不合格としたのだが、その結果は、従業員の手指で17%、まな板で50%、包丁で33%が不合格となった。なかなかショッキングな数字である。

衛生管理者のいる専門業者でこの成績だから、家庭の調理器にはもっとたくさんの細菌がいると考えていい。

家族の誰かが突然下痢をしたときなどは、風邪と決めつけず、細菌による食中毒の可能性も疑ってみたほうがいいだろう。

とくに細菌が増殖しやすいのがフキンである。フキンを濡れたまま置いておくといやなにおいがしてくるものだが、そうなったフキンには、何億もの細菌が生息しているという。

フキンについた細菌は、洗剤で洗って日干しをしても完全には死なない。薄めた塩素液に浸して殺菌しなければならない。回数は、夏は週に3、4回、冬は1、2回が目安となる。

まな板や包丁も、同様である。日干しをしても、まな板の切れ目に入り込んだ菌には太陽の紫外線が届かないので、やはり塩素液で殺菌する必要がある。

それと、料理をするときには、手をよく洗うこと。調理器や食器を殺菌しても、手に細菌がついていたのでは意味はない。

調理人

指のバンソウコウに要注意！

寿司職人にとって、手は大切な商売道具。一流の職人は、仕事場ではもちろんのこと、仕事以外でも手や指にケガを負わないように注意を払っている。指先に小さな切り傷が一つあっても、店に立てなくなるからだ。

これは傷が痛くて、シャリを握れなくなるからではない。お客が食中毒を起こす危険性があるためである。

体に傷ができると、それを治そうと、体内からリンパ液がにじみ出てくるが、このリンパ液は食中毒菌の一つである黄色ブドウ球菌の大好物なのである。傷のある手で寿司を握ると、傷口の周りで繁殖した黄色ブドウ球菌が寿司につき、それがもとで食中毒を起こす恐れが高まるのだ。

そのため、寿司職人の間では、手を傷つけたら店には立たないというのが常識になっている。

しかし、寿司職人以外の他の料理の調理人は、案外、このへんの意識が甘い。ちょっとした切り傷くらいだと、バンソウコウを貼って、そのまま店に出る人もいる。そういうバンソウコウを貼った調理人を見たら、食中毒の黄信号だと思ったほうがいい。

そもそもバンソウコウを貼ったからといって、食中毒菌の発生を防げるわけではない。むしろ、その逆で、バンソウコウは菌の巣といってもいいほどだ。調理人は水を使うので、バンソウコウはすぐに湿り、汗やリンパ液などが栄養分となって、菌の増殖にはうってつけの環境となるのだ。

たまに、指サックをつけている調理人もいるが、これも衛生面では感心できない。菌をシャットアウトするほどぴったりと密閉することは、指サックでは不可能だからだ。たとえ、それができたとしても、そんなにきつく密閉したら指先の感覚がなくなり、仕事にならないはずだ。

ともあれ、手にケガをするような調理人は、それだけプロ意識が低いといえる。また、手にバンソウコウを貼った調理人を立たせているような店は、衛生面に対する認識が甘いと考えていい。

そういう店は、いずれなんらかの問題を起こす可能性があるといってもいいだろう。なるべく避けておいたほうが賢明だ。

生クリーム

熱を加えていても〝生〟を名乗れる理由

「生クリーム」と聞くだけで、目の前にケーキやパフェが浮かんで生ツバが出る人もいれば、その響きを耳にするだけで、胸やけしそうになる人もいるだろう。

だが、生クリームが嫌いな人も大好物という人も、意外に知らないのが、生クリームは決して「生」ではないということだ。

生クリームは、必ず二度や三度は加熱されている。そもそも、乳製品の工場では、農家から納入された牛乳をただちに加熱殺菌する。さらに、クリームに加工した後も、70〜90度で加熱し、殺菌してから出荷している。

生のクリームは、もともと脂肪分解酵素を含んでいる。この酵素を加熱して破壊しておかなければ、乳脂肪が分解して悪臭が発生。とてもではないが、使いものにならなくなってしまうのだ。

そのため、食品の専門家は、生クリームのことを「生クリーム」とは呼ばないし、食品の専門書にもそうは書かれていない。単に「クリーム」と呼ばれているだけである。

それでも、一般的には「生クリーム」で通っている。まあ、「クリーム」だけではどんなクリームかわからないが、「生クリーム」といえば、あの純白のクリームがすぐに思い浮かぶ。そう聞くだけで生ツバが出る人もいるように、「生クリーム」は製造の実情と離れて、固有名詞化しているというわけだ。

豚骨ラーメン
白く濁ったスープを生んだコークス燃料説の真相

ラーメンの歴史は古く、中国では5世紀ごろにはすでにあったといわれているが、日本に本格的に入ってきたのは明治時代の後期で、全国に広がるのは戦後になってからのこと。今でこそ、ラーメンは日本でもっともポピュラーなメニューの一つだが、日本と中国の長い歴史を考えると、ラーメンが登場したのはごく最近のことといえる。

ただ、本場のラーメン（拉麺）を知っている中国人にいわせると、日本のラーメンと中華料理の拉麺は〝似て非なるもの〟で、とくに九州の豚骨ラーメンに関しては、「麺料理としては邪道」といいきる人もいる。

いったい、豚骨ラーメンの何がいけないのかというと、スープの色である。

ご存じのとおり、豚骨ラーメンのスープは白く濁っているが、問題はこの濁り。麺類には澄んだスープを使うのが中華料理の原則。白濁スープは、「中華料理にはありえません」と中国の人たちはいうのである。

ただ、ここで知っておいてほしいのは、日本では終戦直後から白く濁ったスープのラーメンのほうが一般的で、澄んだスープのほうがむしろ珍しかったこと。中華料理の原則には反しているのかもしれないが、日本ではこちらこそ伝統の味なのである。

戦後の日本で、白く濁ったスープのラーメンが広まったことには、〝燃料〟が関係している。

戦後、日本のラーメンは焼け跡に立ち並んだ屋台から再出発したのだが、当時、屋台で使われていた燃料は石炭から作ったコークス。

コークスは固形燃料なので、ガスのように微妙な火力の調節ができない。そのため、もともとは澄んだスープをつくるつもりだったのだが、結果的にスープが煮詰まり、白く濁った白湯になったといわれている。

まあ、豚骨は煮込めば煮込むほど栄養が出るので、栄養状態の悪かった当時は、そのほうがよかったのだろう。

ちなみに、とりわけ九州人が白く濁ったスープを好むのは、九州ではラーメンが広がる前から、白く濁ったスープを使うちゃんぽんが広く食べられていたからとみられている。

アンコウ
養殖したくてもできないウラ事情

下関漁港で水揚げされる魚介類は、約150種類。その中で、もっとも有名なのはフグだが、アンコウの水揚げでも日本一であることはあまり知られていない。アンコウといえば茨城県が有名だが、下関での水揚げは、本場といわれる茨城県よりもはるかに多いのである。

ところが、もともと、下関ではアンコウを食べる習慣がなかった。昔から「東のアンコウ鍋、西のフグ鍋」といわれ、アンコウ鍋は東日本を中心に食べられてきたのである。

ところが最近は、淡白で上品な白身と濃厚なアンキモの味が、全国的に知られるようになり、西日本でもアンコウ鍋を食べる人が増えている。

そこで、将来的なアンコウの需要増を見越して、養殖を始めたいという人もいる。だが、もう一つの鍋物の雄であるフグは、すでに養殖されているのに、アンコウの養殖はまだ行われていない。それだけ養殖が難しいのである。

アンコウは、成長すると体長が1〜1・5メートルにもなるのに加え、水深200メートルを超える海底に棲んでいる。養殖しようとしても、そんな深い海底に巨大な生簀を沈めることはできない。

もちろん、日本のハイテクをもってすれば、技術的には可能かもしれないが、コストがかかりすぎる。養殖をすることで、アンコウ鍋は今よりも高価になりかねないのだ。

アンコウは、水族館などではすでに飼育されているが、1匹育てるだけでも大変だという。

なかなかエサを食べない魚で、エサを口に押し込んでも飲み込まず、そのエサが口の中で腐ることさえある。1匹飼育するだけでも大変なアンコウ、養殖をしたくても、ビジネスとしてはとても成り立たないというわけである。

キノコ

ニュータイプのキノコがどんどん登場するカラクリ

現在、日本に自生しているキノコは4000種類とも5000種類ともいわれるが、そのうち食用や薬用になるのは400種類。さらに一般に食卓にのぼるキノコは、このうちの10種類ほどである。

料理に詳しくない人でも、シイタケ、マツタケ、シメジ、ナメコ、マイタケ、マッシュルーム、キクラゲあたりは、すぐに思い浮かぶことだろう。

ところが最近では、これらの〝定番キノコ〟に加えて、かつてはなじみのなかったキノコが市場に出回るようになっている。

その代表選手といえるのが、エリンギ。エリンギは、地中海沿岸や中央アジア原産のキノコで、1997年には全国で2100トン程度だった生産量が、2011年には約3万8000トンまでに成長した、いわば新顔キノコの出世株である。

このほか、現在国内で生産されている〝ニュータイプ〟のキノコには、トキイロヒラタケ、ハタケシメジ、ヤマブシタケ、エゾユキノシタ、ムキタケなどがある。

これらのキノコは、基本的に食用可能な野生種を改良したものや、海外を原産とするものだが、なぜここへきて続々と登場し始めたのだろうか？

その理由はいくつか挙げられるが、まず一つは、栽培方法が大きく変わったこと。ひと昔前まで主流だったのは、シイタケ栽培と同じように、ほた木にキノコの菌を植えつける「原木栽培」だったが、オガ粉や栄養剤などの培地にキノコを植えつける「菌床栽培」が行われるようになって、栽培できるキノコの種類がグンと増えたのである。

今のところ、普通のスーパーでお目にかかれる〝ニュータイプ〟はさほど多くはないが、近い将来「香りマツタケ、味シメジ」という、日本のキノコ常識が覆される日がやってくるかもしれない。

ミネラルウォーター
ふつうの水は腐るのに、なぜ腐らない？

大地震に備えて、食糧や飲料水を用意している家庭は少なくないだろう。たとえば、ミネラルウォーターなら、飲料水として長期間保存しておける。

といえば、「ミネラルウォーターは腐らないのだろうか？」と疑問を抱く人もいるだろう。

普通、水を長期間放置しておくとしだいに腐ってくる。また、ヨーロッパの常識では「ミネラルウォーターは腐る」ことになっている。ま、水であれば当たり前の話である。

ところが、日本で市販されているミネラルウォーターは、非常に腐りにくいのである。容器の種類や保存状態にもよるが、1～3年は腐らずに保存できる。なぜなら、日本で市販されているミネラルウォーターは、殺菌、除菌処理を義務づけられているからである。

製造基準によると、85度で30分間の加熱殺菌か、それと同等以上の効果のある殺菌、除菌処理をしなければならないことになっている。とくに、病原性のある大腸菌群の殺菌に気がつかわれている。

ただし、ミネラルウォーターの歴史が古いヨーロッパでは、ミネラルウォーターとは、ミネラルを多く含んだ天然の鉱泉を、自然の状態で容器に詰めたもの。殺菌や除菌など、人の手の加わったものは、ミネラルウォーターとは呼ばない。

日本で市販されているミネラルウォーターは、厳密にいえば、ヨーロッパでは認められないわけだが、日本では天然水には雑菌が混じっているため、殺菌せざるをえない状況になっている。

豚肉
目一杯太らせないで出荷するのはなぜ？

現在、豚はきわめて快適な環境のなかで飼われている。それが、安全性と味の良し悪しにかかわる重要ポイントだからである。

まずは、豚舎の室温を比較してみると、気温23度、湿度45％の快適な環境下で飼育された豚と、気温33度、湿度80％の蒸し暑い環境下で飼育された豚とでは、肉のつき方にはっきりと違いが生じる。

前者の体重が1日715グラム増えるとすると、後者ではわずか250グラムしか増えないのだ。

しかも、暑い環境に置かれた豚は、飼料より水を多く摂るようになる。その結果、タンパク質や脂肪の蓄積が妨げられ、肉がしまらない「水豚」になってしまうのだ。

もちろん、日本では、豚舎の通風や温度の管理をしっかり行っているため、こうした品質の低い豚肉が、店頭に並ぶことはない。

さらに、豚の飼育では、豚舎の面積にも、しっかり気をつかう必要がある。豚は、1頭あたりの占有面積が大きいほど、よく肉がつき、反対に狭い場所で飼うと、ストレスで体重が増えにくくなる。

かといって、一つの豚房に1頭だけだと、豚の競争心が失われて、飼料摂取量が落ち、これまた体重が増えにくくなる。

豚舎には、このほか、豚がケガをしないような床構造や、豚の縄張り意識を満足させるような排泄スペースなど、さまざまな工夫がされている。けっして「豚小屋」などとあなどれない環境なのだ。

このように、おいしい肉を効率よくつけるために、豚の飼育には工夫が施されているわけだが、一つ疑問なのは、成長すれば200キロは軽く超えるはずの豚が、110キロ程度の成長段階で出荷されてしまうという事実である。

これは、経済的な理由からである。

豚は110キロを超えるあたりから、エサを食べるわりに体重が増えにくくなり、飼料効率が落ちていく。しかも、それ以上育てると、肉が固くなってしまうなど、肉質面でもいいことはないからだ。

食パン

「1斤」といっても、重さは1斤もない?

「食パン」という呼び名は、明治初期、山型のパンが販売されたときにつけられた名。その由来は、「主食用のパン」という意味だった。

そのころから、食パンを買うときには、「1斤ください」といわれてきた。この「1斤」、食パンの大きさのことと思っている人がいるかもしれないが、じつは重さのことである。現在は「340グラム以上」とされているが、もともと1斤とは「1ポンド(約450グラム)」のことをいう。

日本で食パンが販売され始めた明治初期、食パンの焼き型はアメリカやイギリスから輸入されていた。その焼き型で作った食パンの重さが「1ポンド」だった。「1ポンド」は、漢字で書くと「1听」となる。

ところが、当時、日本で広く使われていた尺貫法に、「1斤(約660グラム)」という単位があった。本来はまったく別物だが、音読みが同じだったため、これを「1ポンド(約450グラム)」の「1听」と混同して、やがて、「1斤」と書くようになる。それでも、戦後しばらくまでは、パン職人の間では、「1斤」とは「1ポンド（約450グラム）」というのが常識だった。

しかし、戦後になって、いろいろなサイズの焼き型が出回るようになり、やがて「食パン1斤」は、単に焼き型一つ分を指すようになった。そして、その重さは、いつの間にかマチマチになってしまったのだ。

そこで、2000年に、包装した食パンに関しては、公正競争規約で340グラム以上と決められた。現在では、一つの焼き型で焼いた食パンで、340グラム以上のものを「1斤」と呼ぶようになった。

ただし、この340グラムという基準は、現在売られているたくさんの食パンの量を調査して出されたもの。昔に比べて、食パン1斤は、ずいぶん小さく、軽くなったことになる。

タラコ
元々白いのにどうして赤い？

かつて、白いマーガリンが売り出されたが、さっぱり売れなかった。「マーガリンは黄色いもの」という固定観念が強く、白いマーガリンは消費者の支持を得られなかったのである。

　ところが、マーガリンは、本来、白いものであることをご存じだろうか。マーガリンが考案されたのは、１８６９年のフランス。ナポレオン３世が、バターより安くつくれて、日持ちのする代用品を公募したところ、メージュ・ムーリエという科学者が考案したのがマーガリンだった。

　その名は、ギリシャ語の「マルガリテス（真珠）」に由来するが、この名がついたのは、マーガリンが「真珠のように白かったから」。日本の市販のマーガリンが黄色いのは、バターに合わせて黄色く着色されているからなのである。

　このマーガリン同様〝自然な色〟では売れないものに、タラコがある。タラコは、本来鶏肉のような白っぽい色をしている。

　しかし、消費者には、辛子明太子の赤色のイメージが強い。そのため、昔から、食紅で着色した真っ赤なタラコが売られてきた。

　もっとも、最近では、タラコは本来白っぽいものという知識がかなり広まってきた。添加物を敬遠する消費者も増え、自然な色の無着色タラコが人気を集めはじめている。

日本の主食

コメは日本人の〝主食〟ではない⁉

「日本人の主食は?」と問われれば、「コメ」と答える人が多いだろう。しかし、本当に日本人の主食はコメなのか、という疑問の声がある。

といえば、「最近はパンのほうをよく食べる家庭も増えているからね」という人もいるだろう。しかし、日本の歴史を振り返ってみても、日本人の主食がコメと言い切れるかどうかは、かなり微妙なのである。

「五穀豊穣」という言葉があるが、この「五穀」は、アワ、ヒエ、マメ、麦、コメを指す(ヒエの代わりにキビを加えることもある)。そもそも、古代から、日本人が食べてきたのはアワやヒエ、キビなどでけっしてコメが中心ではなかった。

江戸時代になっても、コメの生産量は、主要農産物の半分程度。しかも、庶民にとって、コメは、お祭や冠婚葬祭といったハレの日に食べるものであり、ふだんは他の四穀やイモ、ダイコンなどをコメに混ぜたものを食べていた。

日本人がおコメを腹いっぱい食べられるようになったのは、ようやく大正時代になってからのことである。全国で開墾が進み、灌漑施設が整って、収穫量が飛躍的に増えた時期であり、また、国民の経済力も上がって、コメを食べられる家庭が増えた。

そして、歴史上、日本人がもっともコメを食べたのは、昭和1ケタ時代。1人当たりの年間コメ供給量は140キロを超え、栄養摂取熱量の7割はコメから摂取していた。

戦後は、1962年（昭和37）をピークに、日本人の食べるコメの量は少しずつ減り始め、その後は「コメ余り」が問題になるほど、日本人はコメを食べなくなった。

こうして見てくると、昭和1ケタ時代から第二次世界大戦が始まるまでの15年間だけが、〝コメの主食時代〟ではないかという意見が出ても不思議ではない。

6
知ってるだけで一目おかれる食べ物の雑学

マヨネーズ

おなじみの容器はなぜ〝保存力〟が高いか

マヨネーズは、家庭でもつくれるシンプルな調味料。卵、酢、油を混ぜ合わせ、塩やコショウ、マスタードなどを好みで入れるとよい。市販品の原材料は似たようなもので、保存料などは使われていない。

すると不思議なのが、その保存力だ。ふつう、卵料理は夏場など、常温で放置していると、1日もしないうちに傷んでしまう。ところが、店頭のマヨネーズは冷蔵庫でなく、ふつうの棚に並んでいるし、賞味期限も開栓前なら10か月にもおよぶ。

マヨネーズが常温で長期保存できる理由のひとつは、酢の殺菌効果。マヨネーズは加熱せずにつくるため、できたてのマヨネーズは若干の細菌を含んでいるのだ。だが、酢の強い殺菌力によって菌は死滅し、店頭に並ぶ頃には無菌状態となっている。

保存力のもうひとつの秘密は、あの容器にある。マヨネーズの容器というと、日本ではプラスチック製のチューブが一般的だが、海外ではガラス製の瓶を用いることが多い。これはガラスのほうが酸素を通しにくいので、その長所を生かして、マヨネーズの酸化・劣化を防ぐためだ。とはいえ、使い勝手を考えるとプラスチック製のチューブのほうが便利なので、日本のメーカーでは、空気を通しにくい容器を開発し、用いているのだ。

プラスチック容器は3層からなり、もっとも内側には安全性の高いポリエチレンが使われ、真ん中の層には空気を通しにくいエバールと呼ばれるプラスチックが用いられ、さらにその外側がポリエチレンで覆われて、酸化を食い止めているのだ。

また、チューブ式容器は口が小さい分、開栓後、空気に触れる面積が瓶よりも小さくなる。その分、開栓後は、瓶よりも酸化が進みにくい。

とはいえ、いったん開栓したら、劣化が進むことは確か。メーカーでは開栓後は冷蔵庫で保存し、なるべく1か月以内で使い切ることを推奨している。

酢
南に行くほど消費量が増える裏側

『旧約聖書』にも登場し、人間がつくり出した最古の調味料といわれる「酢」。日本には、5世紀ごろに中国から伝来したとされ、以後、穀物酢、米酢、玄米酢、粕酢など、さまざまな種類の食酢がつくられてきた。

このように、日本の食文化に深く根ざしてきた酢だが、全国の酢の消費量を見ると、酢の使われ方に「南高北低」の傾向があることがわかる。酢の消費量がもっとも少ないのは北海道で、南に下るにしたがって、消費量が増えていくのだ。この傾向、どういう事情から生じているのだろうか。

理由は、いくつか考えられる。一つめの理由は、酢に食欲増進効果があるため、暑い地域ほど酢が好んで用いられる、というものだ。

酢に食欲増進効果があることは、砂糖、塩、酢、醤油、みそといった、5種類の基礎調味料を舌にのせ、2分間でどれだけの唾液が分泌されるかを量ってみるとよくわかる。唾液の分泌量は、他を圧倒的に引き離して、酢をのせたときが最も多くなるのだ。

実際、暑くてバテているときでも、酸味のきいた酢の物なら食べられる、という人が多いのではなかろうか。酢とはちょっと違うが、梅干の酸味が食欲を増すことは、よく知られた事実である。

また、酢の消費量が「南高北低」型になることには、酢の殺菌効果が関係しているとも考えられる。

酢の殺菌効果を調べるため、魚を水洗いした場合と、酢で洗った場合とで、細菌の数がどれだけ違うかを比較したデータがある。すると、水洗いの場合は、1グラムあたり9800の細菌が残り、それが1時間後に130万に増殖した。一方、酢で洗った場合は、350の細菌が残り、1時間後にも2900までしか増えなかった。

以上の結果は、酢には殺菌効果だけでなく、細菌を増やさない防腐効果もあることを示している。

夏場むし暑い西日本に、魚を酢締めにしたり、刺身醤油に酢を混ぜて食べる風習があるのも、昔の人が酢の防腐殺菌効果を、経験的に知っていたからだろう。酢は、食べ物が傷みやすい暑い地方の食生活を支える縁の下の力持ちなのだ。

サケ
白身魚なのに赤いのはなぜ？

サケは赤身魚か、白身魚か。

あらためてそう問われると、「?」と首をひねる人が多いのではないだろうか。

サケの身を思い出してみても、赤身でもなければ白身でもない、赤と白を混ぜたようなサーモンピンクをしている。なかには、オレンジっぽい色のサケもいる。

専門的には、正解は白身魚になるという。

サケの身をすりつぶして水を混ぜ、漉《こ》してみると、透明な液体が出てくる。マグロのような赤身魚なら、ミオグラミンと呼ばれる赤い液体が抽出される。サケの身から透明な液体が出てくることは、タイやブリ、サンマなどと同じく、白身魚であることを示している。

では、なぜ、白身魚であるはずのサケの身は、サーモンピンク色をしているのだろうか。

それは、サケがオキアミをエサとしているためだ。オキアミをたくさん食べたサケほど、オキアミの色素を体内に取り込んでその身は色づき、赤に近い色に染まっていく。

そのサケの身がだんだん白っぽくなるのが、産卵の時期。身の赤みがイクラに受け渡されて、親の体はしだいに白くなっていく。ちなみに、サケの脂のノリは、その身の色で見分けられる。赤に近いものがもっとも脂のノリもよく、その次がピンク。白っぽい身は、脂のノリがよくない。

そういえば、日本人にもっとも人気のあるサケは、鮮やかな紅色をしたベニザケ。ただし、ベニザケの養殖ものには、エビの殻などをエサに混ぜて、日本人向けに身が赤くなるように工夫がされたものが少なくない。

お茶
缶に入れると長期保存できるカラクリ

缶入り茶のプルリングを引くと、かすかに「プシュッ」と音がする。缶入り茶をよく飲む人のなかには、この「プシュッ」という音に疑問を感じている人がいるかもしれない。

ビールやコーラといった飲み物なら、プルリングを引いたとき、「プシュッ」という音がしてもおかしくない。缶の中に閉じ込められた炭酸が、飲み口を開けた瞬間、外へ放出されるからである。

ところが、缶入り緑茶は炭酸飲料ではないのに、なぜか「プシュッ」という音がする。「あれは、いったい何の音？」と疑問に思う人がいても不思議はないだろう。

じつは、あの音は、缶の中に詰められた窒素が抜けていく音だ。

もともと、お茶は色や味、香りがすぐに変化してしまう飲み物である。お茶が空気中の酸素と結びついて酸化するためで、家庭でお茶を飲むとき、こまめに茶葉を差し替えるのも、同じ理由からである。

当然、お茶を缶につめても、そのままでは缶の中で酸化が進行する。とくに、缶入り茶は、消費者の手に渡るまでには、ずいぶん日数がかかる。普通につくれば、その間にお茶としての魅力を失ってしまうのだ。

そこで、メーカーは缶に目いっぱい窒素をつめて、酸素を追い出すことで酸化の防止に成功した。その窒素のおかげで、いつでもおいしい缶入り茶を飲めるようになったのである。

プルリングを引いたときのプシュッという音は、いってみれば、役目を果たし終えた窒素が「やれやれ」ともらす安堵の声なのである。

モズク どうやって採取しているの?

ミネラルたっぷりで、お肌にも、体にもいい「自然食品」として人気上々のモズク。北海道から沖縄まで、日本に広く分布する海藻である。本来は、ホンダワラ類などにくっついて生息しているが、市販されている食用モズクのほとんどは、沖縄の海で養殖されている。

モズクの養殖は、海中に張りめぐらせた網にモズクを付着させて行うが、その採取法が、ちょっと変わっている。

作業は2人1組で行い、1人が長いホースをもって海中に入る。そして、そのホースで、掃除機で掃除をするように、20～30センチに成長したモズクを吸い取っていくのだ。吸い取られたモズクは、船上に海水と一緒に勢いよく吐き出される。すると、もう1人が、船上で一緒に吸い込まれる小魚などを取り除きながら、モズクだけをカゴの中に集めていく。

成長したモズクは濃いアメ色をしているが、日光や雨にさらすと変色するので、船上ではすばやい作業がカギになるという。

港に戻ると、殺菌海水で洗い、すぐに塩漬けにして、タンクで1週間前後寝かせてから、全国各地に出荷している。

沖縄で、モズクの養殖技術が確立されたのは、ここ30年弱のことと比較的新しいが、現在では、モズクは沖縄名物の一つに成長している。

枝豆

枝豆は豆？　それとも野菜？

「暑い夏、冷えたビールと相性バツグンのおつまみといえば？」という問いに、「枝豆！」と即答するのは、ほぼ日本人だけである。

というのも、現在、世界で枝豆を食べているのは中国、台湾、タイ、ベトナムなど、アジア圏の数か国だけ。しかも、枝豆を食べる習慣は、日本で始まったものである。日本人が枝豆を食べ始めたのは江戸時代のことで、その習慣が徐々にアジアの国々に伝わったという。

日本人と枝豆の深い関係をおわかりいただいたところで、次の質問に移ろう。「枝豆は、もともとなんという種類の豆か？」

答えは、もちろん「大豆」。枝豆は、みそや醤油や豆腐のもとになる大豆なのだ。大豆は通常、種をまいてから収穫するまでに、5か月間ほどかかる。毎年、5月下旬に大豆の種を植え、芽が出ておよそ2か月で白くて小さな花が咲く。

その後、花の咲いたあとにサヤがつき、大きくなり始めるのだが、種を植えてから3か月ほどで、若いサヤを収穫したものが「枝豆」である。

大豆として栽培する場合は、ここで収穫せずに、そのまま成熟させる。すると、サヤは水分が抜け、徐々に茶色になっていく。その中の豆が「大豆」になるというわけである。

では、これが最終クイズ。「枝豆は〝豆〟なのか、それとも〝野菜〟なのか？」

普通に考えれば、枝豆は大豆の未成熟なもの。だから「豆類」と思うかもしれないが、出荷の分類上では「野菜類」として扱われている。

なお、枝豆をおいしく茹でるには、あらかじめサヤごと塩で軽くもんでおき、茹でるときは鍋に塩を多めに入れるといい。枝豆は塩がしみ込みにくいため、ほかの豆を茹でるときなら多すぎるかも、と思うくらいの分量を入れたほうが、おいしく仕上がる。

ズッキーニ
キュウリとそっくりでもカボチャの仲間

パスタ料理やミネストローネスープ、ラタトゥイユなど、イタリアや南仏料理に欠かせないのがズッキーニ。形といい色といい、キュウリとウリ二つだが、姿形が似ているからといって、ぬか床に漬けてもおいしい漬け物にはならない。

というのも、ズッキーニはキュウリの一種ではなく、カボチャの仲間なのである。もう少し詳しく説明すると、ズッキーニとキュウリは、同じウリ科の植物ではあるが、ズッキーニのほうは、セイヨウカボチャやニホンカボチャと同じ「ククルビタ属」。一方、キュウリはメロンと同じ「ククミス属」に分類される。

という説明を聞いても、「ハァ?」と首を傾げている人は、まずは植物の分類法を知っておく必要があるだろう。

植物の分類学上、基本の単位となるのは「種《しゅ》」。ひじょうに近い種を集めて「属」とし、さらに似たような特徴を持つ「属」が集まったものを「科」と呼び、以下「目」「綱」「門」と続く。

このルールに従って表記すると、ズッキーニは、「被子植物門・双子葉植物綱・合弁花亜綱・スミレ目・ウリ科・ククルビタ属・ペポ種」となる。

ますます話がややこしいと思った人は、学問上の名称、つまり学名から説明したほうがわかりやすいかもしれない。学名は、「属」の名と「種」の名前を並記して、最後に命名学者の名前を略して加えたもので、世界共通である。

たとえば、ズッキーニの学名は、ククルビタ・ペポ（Cucurbita pepo L.）で、ニホンカボチャはククルビタ・モスカータ（Cucurbita moschata Duch.）となり、「ククルビタ」（属）の部分が一緒。これで、同じ仲間だということが判別できるのである。

一方、キュウリの学名はククミス・サティヴァス（Cucumis sativus L.）、メロンはククミス・メロ（Cucumis melo L.）となり、やはり「ククミス」の部分が同じ。これで、キュウリとメロンは同じ仲間ということが判断できるのである。

ニンニクの芽
芽という名の「茎」

イタリア料理、スペイン料理、韓国料理をつくるときには欠かせないニンニク。

一方、中華料理では、ニンニクは実ではなく、「芽」がよく使われる。

牛肉や豚肉と一緒に炒めた「ニンニクの芽の炒めもの」は、中華料理の定番メニューである。

ところで、このニンニクの芽、鮮やかな緑色で細長く、どう見ても「茎」にしか見えない、と思っている人もいるだろうが、その推察は間違っていない。

ニンニクは、春になると、地上では葉や茎を伸ばし、地面の下では、球（ニンニクの実）が大きく育ってくるが、前者の伸びた「茎」が「ニンニクの芽」と呼ばれている部分なのである。

では、なぜ、茎を「芽」というようになったのだろうか。それを知る前に、少しだけニンニクについて勉強しておこう。

ニンニクはユリ科・ネギ属の植物で、中央アジアが原産の野菜。和名の「ニンニク」という呼び方は、仏教語の「忍辱《ニンニク》」、つまり屈辱に耐えて修行するという仏教用語からきたものである。

このニンニク、中国では古来、若い茎の部分や葉っぱの部分を食用にしてきたが、この「茎ニンニク」が中国から日本に渡ってきたとき、つけられた名前が「ニンニクの芽」だったのである。

以来、日本ではこの呼び方で親しまれている。

ちなみに、ニンニクには、芽をとるための品種と、実をとるための品種があり、ニンニクの芽をとるときには、茎が伸びやすい品種が用いられている。球をとるための品種からとれた茎は、固くて筋っぽいため、食用には向かない。

ナマコ
いったいどの部分を食べているのか？

ナマコは、世界で約１５００種、日本では１８０種ほどが知られている。そのうち、日本人が食べているのは、マナマコという種類である。

マナマコは、円筒形をしていて、腹側に小さな吸盤状の足がついている。また、体の前端には口、後端には肛門がある。

一般的には、このマナマコの両端を切り落とし、内臓を取り出した残りの身を食用にする。薄切りにしたナマコを三杯酢でいただくのが、もっともポピュラーな食べ方だ。

また、取り出した内臓のうち、腸を塩辛にすると「コノワタ」、卵巣を塩辛にすると「コノコ」になる。いずれも珍味で、日本酒好きの人には、酒の肴としてよく知られている。

マナマコは北海道から九州まで生息しており、褐色の赤ナマコと、暗緑色の青ナマコがある。

赤ナマコのほうが肉厚で、身も柔らかくて味もいい。旬は冬で、水温が低くなると、岩場を歩くなど活動が活発になり、身がしまってくる。

マナマコ以外の種は、肉にホロチュリンという毒を含むので、生では食用にはできない。ただし、この毒は熱で分解するので、中華料理では、大型のナマコ類をカラカラに乾燥させて、イリコ（海参）と呼ばれる食材にする。イリコは水で戻して熱を通すため、毒が分解され、食用にできるのである。

海苔①
海藻が紙状の海苔になるまで

日本の伝統的な食材・海苔が、どういうふうにしてつくられているのかを、ご存じだろうか？

もちろん、海苔が初めから海苔の姿で生えているわけではない。ここでは、海藻が、紙状の海苔になるまでの作業を、順を追ってご紹介しよう。

現在、海苔はそのほとんどが養殖によって〝栽培〟されている。海苔の養殖は、基本的には農業とほぼ同じで、土が海に変わっただけと考えればよい。しかも、地上での作業に1年の半分は費やされているのだ。

海苔作りの作業は、成熟した海苔からできた果胞子《かほうし》を、フラスコの中で生長させることから始まる。果胞子が生長すると、マリモのような形になるが、これが「フリー糸状体《しじょうたい》」と呼ばれる、海苔の元となるもの。

できたフリー糸状体を細切りにし、じょうろを使ってカキ殻にかける。そうして、菌糸が「殻胞子《かくほうし》」という海苔のタネになるまで待つ。

以上が、2月ごろから約半年かけて行われる地上での作業だ。次は、いよいよ場所を海に移した作業に移る。

まず、8月～10月ごろに、カキ殻をたくさん吊るした海苔網を海に張る。この時期を選ぶのは、吊るされたカキ殻から胞子が飛び出すのに、ちょうどいい水温になるから。そして、この海中に飛び出した胞子が網にくっつき、生長したものが海苔である。

海苔の収穫シーズンは、11月～3月ごろ。その間に、10～15センチに生長した海苔を何回にもわたって収穫する。そして、収穫した海苔を海水で洗い、ミキサーでカットして、和紙のように漉《す》くと、食用となる海苔のでき上がり。あとは、乾燥させるだけだ。

海苔②
噛み切りやすいもの、噛み切りにくいものの見分け方

おにぎりを食べたとき、海苔がなかなか噛み切れなくて苦労した、という経験はないだろうか？　その一方、おにぎりに巻いてもすぐに破れてしまうような薄い海苔もある。

だが、パッケージをチェックしても、どちらのタイプの海苔かなんて、記されてはいない。では、海苔の噛み切りやすさの違いは、単なる気のせいなのだろうか？

そうではない。海苔にはたしかに噛み切りやすいものと、噛み切りにくいものがあるのだ。

二つのタイプの違いは、海苔の細胞間を埋めている食物繊維の比率の違いによって生じるもの。細胞間にある食物繊維は、水に溶けやすい「ガラクタン」と、水に溶けにくい「アンドロガラクトゥース」に分かれ、噛み切りにくい海苔は、このうち「アンドロガラクトゥース」の比率が高いタイプだ。

では、海苔には、そもそもなぜ、水への溶けやすさの違いがあるのだろうか？

理由は生育環境の違いに原因があるとする説が有力だ。

その説によると、海面近くに固定された網で養殖される海苔は、噛み切りやすいタイプになるという。潮の満ち干のたびに、海水から出たり入ったりする海苔は、海上で細胞を守るために、保水力のある食物繊維を多く含むようになるからだ。

一方、常に海中で生育する海苔は、海水に溶けていかないように、水に溶けにくい食物繊維を、多く含むようになる。すると、噛み切りにくい海苔になるという。

ただし、以上の説が正しいとしても、店頭でどちらのタイプかを見分けるのは難しい。数種類の海苔を買い、実際に噛んでみて、好みのタイプを決めるしかなさそうだ。

そうめん
どうやって細くのばしているか

7月7日の七夕の日に、そうめんが食卓にのぼるという家庭は少なくないだろう。この習慣は、平安時代、旧暦7月7日の七夕の節句に、そうめんの原形である「索《さく》餅《べい》」を供物《くもつ》とするよう定められたのがはじまりといわれる。

こういう歴史的な背景があってもなくても、そうめんが夏の食卓にぴったりのメニューであることは間違いない。夏バテで食欲のないときでも、そうめんならさっぱり食べられるのは、麺が極細である分、ほかの麺以上にのどごしがいいからだ。

そこで気になるのが、あの極細の麺をどうやって伸ばしているかという点である。むろん、人間の手で1本1本のばしているわけではない。現在では、すべての工程が機械化されている。

そうめん作りは、小麦粉と塩水をこねることからスタートする。まず、材料をミキサーで30分ほどこねたあと、200キロ以上もある重しを押しつけながら1時間ほどこね、厚さ5センチ、直径3メートルほどの「のしもち状」に延ばしていく。

この工程は「団子踏み」と呼ばれるもので、それが終わると、今度はローラーで麺を延ばしていく。途中、麺の表面が乾かないように油を塗りながら、「ほそめ」「かけば」「こびき」という工程で、さらに麺を細くしていくのだが、不思議なのは、機械にかけたそうめんが、ちぎれることなく伸びていくことである。

その秘密は、麺に含まれる「グルテン」という物質の働きによるもの。グルテンは穀類に含まれるタンパク質の混合物で、これを含んだ粉を練ると、弾力性と粘り気が出てくる。

また、各工程の間には、必ず熟成期間がはさまれるのだが、これは、グルテンを熟成させることで、延びる力をさらにアップさせるためである。休ませながらゆっくり麺をのばすことで、極限まで細くすることができるというわけだ。

さて、「のばし」の作業が終了したそうめんは、その後どうなるか。麺を乾燥させ、切ったものを結束して木箱に入れられるが、すぐに出荷されるわけではない。蔵の中で2〜3年間もの間寝かせ、さらに熟成させるのである。

長く長くのばしてつくられるそうめんは、出荷されるまでの時間もずいぶん長くかかるのである。

バナナ
どうして50年間も値段が変わらないのか

現在、バナナ1本の値段は、大きさや鮮度によって違うが、30円から100円くらいのもの。このバナナ、60年前もほぼ同じ値段で売られていた。

といえば、最近の若者には、「なんだ、バナナは昔から安かったのか」と思う人もいるかもしれない。しかし、60年前と現在では、物価水準がまったく違うことを考慮に入れてほしい。

1954年（昭和29）ごろといえば、コーヒー1杯が50円ほどの時代。このとき、バナナは1本100円もした。いまの物価に換算すると、1本500円以上はするという計算になる。

5本で2500円、10本で5000円。「昔、バナナは高級品だった」とよくいわれるが、いまでいえばたしかにマスクメロン級の高級フルーツだったわけである。

戦前、日本の植民地だった台湾から「移入」されていたバナナが、戦後「輸入」再開されはじめたのは、1949年（昭和24）のことだった。食べるものに飢えていた日本人に熱狂的に迎えられたが、その輸入量は厳しく規制されていた。

当時はGHQの占領下にあり、自由に貿易ができなかった。そのため、バナナの値段はめっぽう高く、お金持ちだけが食べられるゼイタク品だったのだ。

その後も10年余りは高値の時代がつづいたが、1964年（昭和39）、バナナの輸入が自由化される。これによって、台湾やエクアドルから大量のバナナが輸入されるようになり、値段が一気に下がったのである。さらに、70年代になると、フィリピンのバナナが大量に輸入され、バナナの値段はさらに下がった。

半世紀以上前には、高級品のシンボルだったバナナだが、現在はスーパーの片隅に安値で山積みされている。

マツタケ
プロしか知らない、正しい探し方

庶民の憧れマツタケ。なかには、タダでゲットしようと秋になるとマツタケ狩りに出かける人もいるかもしれないが、それでなくとも競争率の高いキノコ。シロウトに簡単に見つけられるはずもない。マツタケを見つけるには、〝発見〟のコツを身につけ、万全の装備をして山に入ることが必要である。

まず、装備面では、入山する際、双眼鏡を持っていくこと。マツタケは赤松に寄生して生えるのだが、マツタケ菌に寄生された赤松は、弱って松葉の色が変わってくる。本来の深い緑色ではなく、やや黄色味を帯びてくるのだ。これが、マツタケスポットを見つける目印となる。

ただし、マツタケは風通しのよい場所を好むため、松林があっても、地面に雑草やシダがギッシリ生えているような場所には生えていない。そこで、マツタケを探すには、いったん山に登り、尾根を見下ろしながら、黄色味を帯びた松林を探し、林の様子を双眼鏡で細かくチェックすることが必要なのだ。

そのとき、急斜面に黄色味を帯びた赤松林があり、なおかつ岩肌が露出している場所を発見できれば儲けものである。

そういうところに、マツタケのシロ（リング状になっているマツタケ菌の集団）は生成されやすいのである。

さて、目ぼしいスポットを見つけたら、実際に歩いてみる。そのとき、面倒でもいったん山を下りてから、改めて斜面を登ったほうがいい。

マツタケは、地上に頭を出してからカサを開くまで、ほとんど周囲の落ち葉をかぶったままなので、上から斜面を見下ろして歩くと、落ち葉の下のマツタケを発見するのは難しい。斜面を上りながら、落ち葉の凸凹を探すようにして歩くことがポイントになるのだ。

では、ラッキーにもマツタケが生えている場所を見つけたらどうするか？

とにかくその場所を克明に覚えておくことである。マツタケは一度生えた場所から、数センチ離れた場所に円を描くように再び生えてくる。その場所を覚えておけば、翌年からはラクにマツタケをゲットすることができるというわけだ。

タマネギ
炒めるのにどんどん時間がかかるようになった理由

カレーライスや炒めもの、シチューなど、いろいろな料理に使えるタマネギ。最近、そのタマネギを炒めるとき、「なかなかしんなりしないなァ」「昔より時間がかかるな」と感じている人は少なくないだろう。

料理のプロによると、30年前なら1分半ほどで炒められた量を炒めるのに、いまでは5分以上もかかるという。その原因はタマネギが品種改良されたことにある。

昔のタマネギには、大地の恵みである水分がたくさん含まれていた。そのため、強火で炒めると水分がどんどん蒸発して、タマネギは短い時間でシナっとなったのである。

ところが、この30年の間に、タマネギは品種改良が重ねられ、消費者ウケを狙って、外見のいいものがつくられるようになった。また、生産者向けに量産のきく品種に変えられ、さらに流通業者のために、耐久性のあるタイプに改良されてきた。

その結果、含んでいる水分量が少なくなり、長時間炒めなければ、しんなりとしないタマネギができあがったというわけである。

しかも、水分が少なくなるとともに、タマネギ本来の甘味やうまみまで乏しくなってしまった。そのため濃い味つけをする必要もでてきた。

消費者、生産者、流通業者のどれにも気に入られようとした八方美人のタマネギは、いまや〝厚化粧〟をしないと、人前に出られなくなっている。

砂糖
1トンのサトウキビからどれくらいの砂糖がとれる？

料理にお菓子に、コーヒー、紅茶にと、食生活に欠かすことのできない砂糖。疲労回復に効くことや、砂糖漬けにすると防腐効果があることも、ご承知のとおりである。

では、砂糖の原料作物の、サトウキビや砂糖大根（ビート）は、どういう工程を経て、砂糖になるのだろうか？　サトウキビが砂糖になるまでの工程を追いかけてみよう。

砂糖の精製工程は、まず機械式のローラーを使い、サトウキビから砂糖分10％程度の〝ジュース〟を絞り出すことから始まる。面白いのは、このとき出るサトウキビの搾りカスが、工場のエネルギーに転化できること。要するに、製糖工場というのは、サトウキビによって、エネルギーも自給できるのである。

一方、搾り出されたジュースはというと、100度くらいに熱せられたあと、石灰乳という液を加えられる。こうすると、ジュース中の不純物が凝固し、取り除きやすくなる。

不純物が取り除かれたジュースは、続いて減圧装置に送られ、水分を飛ばされる。ジュースは、ここで砂糖分60％のシロップへと変わる。

さらに、このシロップを、真空の釜の中で煮詰めると、白下と呼ばれる、半流動状の塊ができる。この白下を、高速遠心分離機にかければ、ようやく砂糖の結晶を取り出せる。あとは、熱風と冷風で結晶を乾かし、フルイで粒の大きさを整えるだけだ。

なお、以上のような工程は、工場で連続して行われている。そのため、大きな工場になると、1日に1万5000トンものサトウキビを処理でき、そこから1600〜2000トンの砂糖がつくられるという。つまり、1トンのサトウキビからは、その1割強の量の砂糖がつくられている計算になる。

シシャモ
値段を決めている意外なポイント

世の中の哀れなものの代表に、シシャモのオスを加えたい。

漁師の網にかかって喜ばれるのは、あくまで子持ちのメスシシャモ。オスは、選り分けられて廃棄されるか、家畜のエサに回される。取引きされる値段は、二束三文である。

一方、子持ちのメスシシャモは、水揚げされたらすぐに値段の交渉が始まる。その場合、交渉の決め手になるのは身の大きさではなく、あくまで卵の熟度である。

交渉の場では、数匹のメスの腹が裂かれ、まるでチューブをしぼるように、デジタル計りの上に卵が押し出される。その卵の目方を計り、元のシシャモに対する目方の割合を計算する。それが卵の「熟度」の基準となる。「熟度」とは、そのシシャモの卵が、いかに産卵期に近いかを示す基準である。

この熟度が低いと、卵が若く、商品としての魅力は乏しくなる。かといって、熟度が高すぎると、干したときに卵が腹から飛び出してしまう。両方とも、値引きの対象となってしまうのだ。

ただし、最近、街で見かける「シシャモ」は、かつてのシシャモではない。北海道の川をさかのぼってくる日本産のシシャモは、全体のわずか1～2%を占めるにすぎなくなっている。

現在、スーパーや居酒屋で見るシシャモは、カナダやノルウェー、アイスランドなどからの輸入品で、北海道のシシャモとは種類も違っている。

北半球の寒帯に広く分布し、川をさかのぼる性質をもたない「ケープリン」という魚である。いまや、このケープリンが別名「カラフトシシャモ」と呼ばれ、日本の食卓の主流を占めている。

カキ
ホタテの貝殻で養殖される理由

生のカキをレストランで頼むと、一つずつ殻に入ったカキが出てくるもの。レモンを搾り、殻ごと口に近づけてカキをツルッと食べると、プリプリの食感に、カキの殻から立ちのぼる磯の香りがたまらない。

一方、スーパーに並んでいる鍋用のカキは、身だけがパックに入れて売られている。もちろん、パックに詰める前、殻から身を離しているのだが、その殻がカキの殻ではないことも珍しくないという。

むしろ、最近は、ホタテの貝殻であることが多い。つまり、カキの養殖では、種ガキをカキの殻ではなく、ホタテの殻に植えつけるのである。

カキ養殖にホタテの貝殻を利用するのには、ちゃんとワケがある。カキの殻に比べ、ホタテの殻は大きさと形がそろっていて、作業がしやすいうえに、種ガキがつきやすく離れにくい。いってみれば、カキにとって、ホタテの殻は、お腹だけを貸す〝代理母〟のような存在なのである。

ちなみに、カキの養殖は、浅い海に「カキ棚」と呼ばれる棚をつくり、そこにカキの種を植えたホタテの殻をぶら下げていく。

それに対して、ホタテの養殖は、もっと深い海で行われる。8月ごろから、ネットの中で育てられたホタテは、翌年の3月ごろ、海中に張られたロープに結んで吊り下げられる。貝の端に穴を開けられたホタテが海中にたくさん吊り下げられている様子は、ちょっと不思議な光景となっている。

ホウレンソウ
いつのまにか葉っぱの形が変わったワケ

いつのまにか、ホウレンソウの葉っぱの形が変わっている。といっても、「ホウレンソウは、おひたしくらいしか見ないからなァ」という人には、ピンとこない話だろう。しかし、思い出してほしいのだが、昔のホウレンソウの葉には、たくさんの切れ込みがあってギザギザ状になっていた。いまのホウレンソウの葉には、浅い切れ込みが二つ、三つあるだけである。

それは、この30年間に、日本で栽培されるホウレンソウの品種が変わった証拠といえる。

もともとホウレンソウの原産地は、ロシアのコーカサス地方で、そこから東西に分かれて広がってきた。日本には、江戸時代初期、中国から伝えられ、以来、和種のホウレンソウが栽培されてきた。その和種の葉がギザギザの剣葉だったのだ。

ところが、１９７０年代から、ホウレンソウの種類が、従来の和種から、和種と西洋種の雑種第一世代（Ｆ１）へと切り替わりはじめた。

西洋種は、原産地のロシアからヨーロッパへと伝えられたもので、その葉の形は切れ込みのない丸葉だった。つまり、現在のホウレンソウの葉は、ギザギザの和種と、丸葉の西洋種の中間の形をしているというわけである。

ちなみに、和種と西洋種がかけ合わされたのは、西洋種がホウレンソウの大敵である「べと病」に強い遺伝子をもっていたからである。

また、収穫期が秋～早春だった和種と、春～夏だった西洋種をかけ合わせたことで、ホウレンソウは一年中栽培できるようになった。

■参考文献

「一目でわかる図解日本食料マップ」食料問題研究会（ダイヤモンド社）／「ぜひ知っておきたい昔の野菜今の野菜」板木利隆（幸書房）／「食の文化話題事典」杉野ヒロコ監修（ぎょうせい）／「日本の食卓」産経新聞社会部編（集英社）／「崩食と放食」NHK放送文化研究所世論調査部編（NHK出版）／「料理の基本大図鑑」大阪あべの辻調理師専門学校、エコール・キュリネール東京・国立監修（講談社）／「プロが教える料理のコツ」長坂幸子監修（日東書院）／「プロが教えるお料理教室」大河原晶子（高橋書店）／「知っておきたい食品鮮度の知識」渡辺雄二（日本実業出版社）／「知ったかぶり食通面白読本」主婦と生活社編（主婦と生活社）／「おいしい食べ物知識事典」林廣美（三笠書房）／「美味しさを測る」都甲潔、山藤馨（講談社ブルーバックス）／「こつの科学」杉田浩一（柴田書店）／「八百屋さんが書いた野菜の本」前田信之助（三水社）／「ワインの事典」山本博、湯目英郎監修（産調出版）／「のどがほしがるビールの本」佐藤清一（講談社）／「鮓・鮨・すし」吉野ます雄（旭屋出版）／「江戸前のすし」山崎博明（雄鶏社）／「寿司屋が書いた『美味しんぼ』の味・59食」久保田勝利（リヨン社）／「イカの魂」足立倫行（情報センター出版局）／「これから儲かる飲食店のラクラク開店法」赤土亮二（旭屋出版）／「たべもの語源考」平野雅章（雄山閣）／「たべもの革命」毎日新聞社社会部編（文化出版局）／「謎ときいまどき経済事情」日本経済新聞社編（日本経済新聞社）／「モノづくり断面図鑑」スティーブン・ビースティ、リチャード・プラット（偕成社）／「よくわかる食品業界」芝先希美夫、田村馨（日本実業出版社）／「にっぽん魚事情」時事通信社水産部（時事通信社）／「あした何を食べますか？」朝日新聞「食」取材班（朝日新聞社）／「食卓にのる新顔の魚」海洋水産資源開発センター・新魚食の会（三水社）／「知って得する最新食べもの学」稲神馨（朝日新聞社）／「続あぶない食品物語」溝口敦（小学館）／「農業と食料がわかる事典」藤岡幹恭、小泉貞彦（日本実業出版社）／「モノづくり解体新書（一の巻〜七の巻）」日刊工業新聞社／「一歩身近なサイエンス」Quark編／「科学・知ってるつもり77」東嶋和子、北海道新聞取材班（以上、講談社ブルーバックス）／「エコノ探偵団の大追跡」日本経済新聞社編（日本経済新聞社）／「懐かしさいっぱいのGoodsたち」林義人（リヨン社）／「定価の構造」内村敬（ダイヤモンド社）／「これが原価だ!!」山中伊知郎（インターメディア出版）／「西洋料理野菜百科」ジェイン・グリグソン著、平野和子・春日倫子訳（河出書房新社）／「食卓の不安にお答えします」吉川春寿、竹内端弥監修（女子栄養大出版部）／「週刊朝日」「ＡＥＲＡ」（朝日新聞社）／「サンデー毎日」（毎日新聞社）／「ＥＳＳＥ」（扶桑社）／「ダカーポ」（マガジンハウス）／「サライ」（小学館）／「日経トレンディ」（日本経済新聞社）／「ＳＰＡ！」（扶桑社）／朝日新聞／読売新聞／毎日新聞／ほか

※本書は、『お客に言えない食べ物の裏話』（小社刊／二〇〇二年）、『お客に言えない食べ物の裏事情』（同／二〇〇四年）をもとに、改題、加筆、修正のうえ、新たな書き下ろしを加えて再編集したものです。

青春文庫

お客《きゃく》に言《い》えない
食《た》べ物《もの》のカラクリ

2014年 2 月20日　第 1 刷

編　者　㊙情報取材班《まるひじょうほうしゅざいはん》

発行者　小澤源太郎

責任編集　株式会社プライム涌光

発行所　株式会社青春出版社

〒162-0056　東京都新宿区若松町 12-1
電話 03-3203-2850（編集部）
03-3207-1916（営業部）
振替番号　00190-7-98602

印刷／大日本印刷
製本／ナショナル製本

ISBN 978-4-413-09591-4

ほんとうのあなたに出逢う◆青春文庫

知らなきゃ損する！「NISA」㊧超入門

話題の少額投資非課税制度、そのポイントとは？ 押さえておきたい情報だけをこの1冊に。

藤川 太［監修］

(SE-585)

この一冊で「伝える力」と「学ぶ力」が面白いほど身につく！

人の気持ちを「グッ」と引きつけるワザがぎっしり!!

知的生活追跡班［編］

(SE-586)

「その関係」はあなたが思うほど悪くない

人づきあいがラクになる「禅」の教え

「人」から離れるのは難しい。でも「悩み」から離れることはできる。

枡野俊明

(SE-587)

データの裏が見えてくる「分析力」超入門

こういう「モノの見方」があったなんて！ 仕事で差がつく！ 世の中の仕組みがわかる！ ビッグデータ時代の最強ツール！

おもしろ経済学会［編］

(SE-588)

ほんとうのあなたに出逢う ◆ 青春文庫

間違いだらけの仕事の習慣

No.1コンサルタントが明かす
「なれる最高の自分」になる
最短の方法

小宮一慶

(SE-584)

脚が長くなる！ ウエストがくびれる！
1日2分「ひざ裏たたき」で下半身からヤセる！

たった1週間で太ももマイナス4・5センチ、
下腹マイナス9センチ、ふくらはぎマイナス1
センチ…骨格から変わる奇跡のエクササイズ

南 雅子

(SE-589)

「かど」と「すみ」の違いを言えますか？
日本人なのに意外と知らない日本語早わかり帳

素朴な日本語の疑問を豊富な
イラストで解説。ひと目でわかる！
日本語の「へえ〜」がいっぱい！

日本語研究会［編］

(SE-590)

お客に言えない食べ物のカラクリ

まさか、そんな秘密があったなんて！
気になる真相に鋭く迫る
「食」の裏事典！

㊙情報取材班［編］

(SE-591)